D1654231

ACHTSAMKEIT FÜR MITARBEITER & FÜHRUNGSKRÄFTE

AKTIVIERE DEINE SCHLÜSSELKOMPETENZEN FÜR DIE ARBEITSWELT DER ZUKUNFT

MIT RESILIENZ, FOKUS, KREATIVITÄT & EMPATHIE IN DER DIGITALEN WELT BESTEHEN

DR. MELANIE PESCHMANN

Bibliografische Information der Deutschen Nationalbibliothek
Die Deutsche Nationalbibliothek verzeichnet diese Publikation in der Deutschen Nationalbibliografie; detaillierte bibliografische Daten sind im Internet über http://dnb.de abrufbar.

Wir sind ein relativ junger Verlag und sehr dankbar für jede Art von Feedback. Sollten Sie daher **Anregungen oder Fragen** haben, würden wir uns sehr freuen, von Ihnen zu lesen.
info@cherrymedia.de

Neuauflage
Alle Rechte, insbesondere Verwertung und Vertrieb der Texte, Tabellen und Grafiken, vorbehalten.
Copyright © 2021 by Cherry Media

978-3-96583-486-6 Softcover
978-3-96583-487-3 Hardcover
978-3-96583-488-0 ebook

Redaktion: Felix Seifert
Lektorat: Matthias Kramer
Druck/Auslieferung: WirMachenDruck/Runge Verlagsauslieferung

Impressum:
Cherry Media GmbH
Bräugasse 9
94469 Deggendorf
Deutschland

Weitere Informationen zum Verlag finden Sie unter:
www.cherrymedia.de
Wir wünschen viel Vergnügen beim Lesen!

ACHTSAMKEIT FÜR MITARBEITER & FÜHRUNGSKRÄFTE

AKTIVIERE DEINE SCHLÜSSELKOMPETENZEN FÜR DIE ARBEITSWELT DER ZUKUNFT

MIT RESILIENZ, FOKUS, KREATIVITÄT & EMPATHIE IN DER DIGITALEN WELT BESTEHEN

DR. MELANIE PESCHMANN

Kostenfreies eBook & Hörbuch inklusive

Beim Kauf jedes Taschenbuches von Cherry Media sind das **eBook, spannende Bonusinhalte** sowie das **Hörbuch kostenfrei** für Sie **inkludiert**. Gehen Sie dazu einfach auf

https://link.cherrymedia.de/EPUB

oder scannen Sie den abgebildeten QR Code. Auf der Website können Sie dann Ihren einmalig gültigen Zugangscode eingeben.

Den **Zugangscode** zu Ihrem kostenfreien eBook, Hörbuch und zu den Bonusinhalten finden Sie auf der Seite: 155.

Wir wünschen **viel Freude** mit Ihren **kostenfreien** Inhalten! Haben Sie Fragen zu Ihrem eBook? Wir sind gerne für Sie da! Sie erreichen Sie uns unter info@cherrymedia.de
https://link.cherrymedia.de/EPUB

„Ich danke allen Menschen,
denen ich begegnet bin,
weil sie mich zu dem Menschen
gemacht haben, der ich heute bin.
Besonderer Dank gilt Fernando, der
unbewusst meinen Weg geleitet hat."

Inhaltsverzeichnis

Einleitung.. 13

1 **Warum Digitalisierung, unser Steinzeit-Gehirn und Achtsamkeit eine Einheit bilden** 19
   1.1 Warum unser Gehirn dem heutigen Arbeitsalltag nicht mehr gewachsen ist 20
   1.2 Kaffee, Drogen oder einfach Achtsamkeit? 25
      1.2.1 Die Wandelbarkeit unseres Gehirns 26
      1.2.2 Das Wesen der Achtsamkeit 27
      1.2.3 Wirkungen der Achtsamkeit........................... 30
   1.3 Warum Achtsamkeit mehr als Meditation ist 34
      1.3.1 Formelle Achtsamkeitsübungen 34
      1.3.2 Informelle Achtsamkeitsübungen....................... 36
      1.3.3 Häufigkeit der Übungen 38

2 **Wunderwaffe Achtsamkeit: Mythen, Sagen und Legenden** 39
   2.1 Mythos „Spiritualität": Achtsamkeit ist nur etwas für Hippies, Aussteiger oder Träumer...................................... 40
   2.2 Mythos „Zeit": Warum die Aktie Achtsamkeit als Dividende sogar mehr Zeit ausschüttet.................................. 41
   2.3 Mythos „Wunderpille": Warum ohne den richtigen Kraftstoff und ausreichend Öl auch das beste Tuning nicht funktioniert..... 42
   2.4 Mythos „Nebenwirkungen": Muss man bei Achtsamkeit auch einen Beipackzettel beachten?........................... 45
   2.5 Mythos „Meditation": Was man bei Meditation alles nicht muss ... 47
   2.6 Mythos „Achtsamkeit-Gurus": Das DSDS-Phänomen gibt es auch in der Achtsamkeit...................................... 49

3 Wie wir mit Achtsamkeit Schlüsselkompetenzen für die Arbeitswelt der Zukunft aktivieren 53

    3.1 Selbstreflexion 55
    3.2 Fokus 63
    3.3 Intuition 73
    3.4 Empathie und Mitgefühl 80
    3.5 Kreativität 89
    3.6 Motivation 98
    3.7 Resilienz 104
    3.8 Authentizität 111
    3.9 Agilität 117

4 Der übliche Selbstbetrug, Hindernisse und die gängigsten Stolpersteine 121

    4.1 Die Macht von Süchten und Gewohnheiten: Wie du es schaffst, dein Gehirn dauerhaft umzuprogrammieren 122
        4.1.1 Wieso wir erstmal zum Suchtberater müssten 122
        4.1.2 Warum unser stärkster Gegner unser Unterbewusstsein ist .. 125
        4.1.3 Wie wir mit ein paar Tricks unser Gehirn überlisten können 127
    4.2 Hilfe, mir tut alles weh: Umgang mit Schmerzen, Lustlosigkeit und anderen Hindernissen 136
    4.3 Die typischen Stolpersteine: achtsamer Umgang mit Stress, Kritik, Wut, Angst und der weitverbreiteten Status-Sucht 139
        4.3.1 Stress: Warum es schwer ist, Stress zu entkommen und wie wir mit Achtsamkeit auf die Stressbremse treten .. 140
        4.3.2 Kritik: Warum sie verletzt und wie wir gelassener damit umgehen 143
        4.3.3 Wut: Wieso wir wütend werden und wie wir den Hulk-Modus wieder deaktivieren 145
        4.3.4 Angst: Wie sie entsteht und wie wir sie wieder loswerden 147
        4.3.4 Status: Warum uns Status so wichtig ist und wieso jede Führungskraft regelmäßig die Toiletten putzen sollte 150

Schlusswort 153

Einleitung

Ich war immer ein begeisterter Technik-Freak. Während sich die meisten Freundinnen von mir eine neue Handtasche oder ein paar Schuhe kauften, war es für mich das absolute Highlight, mir ein neues technisches Spielzeug zuzulegen. Als Steve Jobs das iPhone mit seinem berühmten „One more thing" verkündet hat, hatte ich Tränen in den Augen, da er genau das Gerät auf den Markt gebracht hatte, was ich mir sehnlichst gewünscht hatte. Während andere Schallplatten oder Parfüms sammelten, sammelte ich iPods. Auf Arbeit permanent unter Strom, in den Pausen mit Musik beschallt und zu Hause am liebsten TV, Internet und Musik gleichzeitig. Ich konnte nicht ohne eine Serie oder Dokumentation einschlafen und das erste, was ich morgens tat, war, auf meinem Handy nach E-Mails oder Nachrichten zu schauen. Mein Kopf war permanent am Denken und, da ich irgendwann keine Lust mehr auf das ständige Gedankenkarussell in meinem Kopf hatte, gab es bei mir Technikbeschallung non stop. Ich war immer dankbar, im Zeitalter der Digitalisierung groß geworden zu sein und umso mehr ist es kaum vorstellbar, dass ich all das heute auf ein absolutes Minimum beschränke. Nicht weil ich Technik oder die Vorteile der Digitalisierung nicht mehr zu schätzen weiß. Ich habe für mich nur begriffen, dass es mir so einfach besser geht und ich wesentlich effektiver arbeite, als ich es vorher getan habe.

Doch um zu verstehen, wie es dazu gekommen ist, muss ich ein wenig mehr von mir erzählen. Nach meinem Abitur war für mich nur eins wichtig: Möglichst schnell viel Geld verdienen. Ich hatte mich anstelle meiner eigentlichen Wunschstudiengänge in Psychologie und Neurowissenschaft lieber für Betriebswirtschaft entschieden, weil mir jemand sagte, dass ich damit das meiste Gehalt verdienen konnte. Nach meiner Promotion hatte ich nur noch ein Ziel: Karriere. Da mein Schwerpunkt im Studium im Bereich Vertriebspsychologie und Marketing lag und ich Technik liebte, war es irgendwie logisch, als Vertrieblerin in der IT zu arbeiten. Es folgten Jahre (nicht Phasen), wo es normal für mich war, 70 Stunden und länger zu arbeiten. Arbeit und Karriere standen immer an erster

Stelle und haben mich so manche Partnerschaft gekostet. Ich hatte mich Jahre lang ungesund ernährt, Zigaretten geraucht und viele meiner Kollegen kannten mich nur mit Red Bull in der Hand.

Im Vertrieb arbeitet man in einer Art Schnittstellenposition und hat mit unterschiedlichsten Bereichen des Unternehmens zu tun – egal ob Vorstand, Geschäftsführung, Personal, Recht, Produktmanagement, Einkauf, Rechnungswesen oder Service. Auf diese Weise lernt man sein eigenes Unternehmen, aber auch die Unternehmen der Kunden besser kennen als jeder andere Mitarbeiter. Aufgrund meiner offenen und authentischen Art hatten fast alle Kollegen, Vorgesetzten und Kunden immer ein sehr vertrauensvolles Verhältnis zu mir und egal mit wem ich auch gesprochen hatte: Stress war allgegenwärtig und wurde gefühlt mit jedem Jahr und voranschreitender Digitalisierung immer schlimmer. Ich bin so vielen tollen Menschen begegnet, die irgendwann nur noch von Geld und Erfolgssucht getrieben, völlig leer und von sich selbst getrennt durchs Leben gingen. Doch ich musste mir eingestehen, dass es bei mir nicht anders war.

Irgendwann hatte ich das erreicht, wofür ich so hart gekämpft hatte. Ich hatte Verantwortung, Erfolg und viel Geld verdient. Nur eins blieb aus: das erhoffte Glück. Seit meiner Kindheit bin ich der Illusion auf den Leim gegangen, dass Erfolg und Geld glücklich machen. Umso schmerzlicher war es zu begreifen, dass es eher Leere erzeugt, anstatt Fülle zu bringen. Ich konnte mir zwar alles kaufen, aber genau das machte mich irgendwie sogar weniger zufrieden als vorher. Zumal mir aufgrund meines hohen Arbeitspensums auch die Zeit fehlte, das Geld überhaupt auszugeben. In meinem Arbeitsumfeld war der Berufsalltag, egal wo ich auch hinschaute, durch Stress, Druck, Unzufriedenheit und Machtspiele geprägt. Ich war damals 35 Jahre und begriff, dass das, woran ich immer geglaubt hatte, so nicht existierte. Glück findet man in all dem nicht. Schlimmer noch: Die heutigen Arbeitsbedingungen tragen vielmehr dazu bei, dass Unternehmen immer mehr Irrenhäusern ähneln und die darin arbeitenden Menschen zu ferngesteuerten Marionetten im Autopilot-Modus mutieren.

Mit 35 Jahren erreichen wir ein Alter, in dem 95% unserer Persönlichkeit aus Erinnerungen, Gewohnheiten, Mustern, festeingebrannten Einstellungen, Glaubenssätzen, Überzeugungen und Routinen besteht, die stupide einfach wie ein Computerprogramm abgespult werden. Und genauso hatte ich mich zu der Zeit auch gefühlt: fremdgesteuert, leer und von meinem innersten Sein getrennt.

Ein guter Freund gab mir damals ein Hörbuch von Eckhart Tolle, der in der Spiritualität eine Koryphäe ist. Als ich es zum ersten Mal hörte, dachte ich: Der Mensch ist völlig irre. Ich verstand rein gar nichts von dem, was er erzählte. Aber als ich begriff, dass all das, wofür ich gekämpft hatte, nicht das war, was ich mir erhofft hatte, war ich auf einmal offen für das, was ich hörte. Ich war wie besessen und wollte alles verstehen, was er sagte. Aber ich verstand es nie wirklich zu 100%. Ich bin in Ostdeutschland aufgewachsen und hatte nie Berührung mit Religion oder Spiritualität, vielleicht lag es daran. Aber vielleicht lag es auch daran, dass ich schon immer eher ein Mensch war, der nur an das glaubte, was die Wissenschaft belegen oder wo ich selbst meine eigenen Erfahrungen sammeln konnte.

Da ich mein Interesse an der Wissenschaft nie verloren hatte, war der nächste Schritt für mich, zu analysieren, wie Achtsamkeit unter neurowissenschaftlichen und psychologischen Aspekten bewertet wird. Zum Glück ging es scheinbar vielen Menschen so wie mir, denn Studien über die Wirkung von Achtsamkeit gibt es mittlerweile in den unterschiedlichsten Forschungsrichtungen. Und dann hat es endlich Klick gemacht. Durch das Verständnis, wie unser Gehirn funktioniert, konnte ich verstehen, was Achtsamkeit bedeutet und wie sie grundlegend funktioniert. Ich konnte besser verstehen, was da mit mir passiert und warum es passiert. Das Spirituelle muss man erfahren, um es verstehen zu können. Die wissenschaftliche Seite der Achtsamkeit kann man jedoch einfach mit seinem logischen Verstand durchdringen.

Ich begriff, dass jeder Mensch nur in seiner eigenen Wirklichkeit durchs Leben geht und dass man Glück niemals im Außen finden wird. Was auch immer um mich herum und in meinem Leben passiert ist, spiegelte letztendlich nur das wider, was in meinem Kopf vor sich ging. Meine eigenen Gedanken bestimmen, was ich erlebe und wie ich es erlebe. Je mehr ich mich in der Wissenschaft vertiefte, desto bewusster wurde mir, dass wir unsere Wirklichkeit, unser Leben selbst beeinflussen können. Unsere Lebensqualität hängt hauptsächlich von unseren Gedanken ab und davon, wie sehr wir uns von ihnen leiten lassen. All unsere Erlebnisse, unsere Vergangenheit oder Persönlichkeitseigenschaften sind nicht in Stein gemeißelt. Wir besitzen alle die Möglichkeit, unser Betriebssystem neu zu programmieren. Wir können unser Energielevel und unsere grundsätzliche Lebenseinstellung weg von Negativität, Widerstand und Kampf, hin zu Akzeptanz, Stärke und Dankbarkeit verändern. Je weniger Gedanken unseren Verstand beschäftigen, desto fokussierter, bewusster, entschlossener, klarer, kreativer und innovativer wird er. Der Schlüssel zu einem optimal funktionierenden Verstand liegt also darin, unnötige geistige Aktivität zu verringern und uns nicht mit allem zu identifizieren oder auf alles zu reagieren, was unser Verstand uns täglich ins Bewusstsein rufen will. Erst wenn wir unser Gehirn zu kurzen Pausen bringen, können wir Flow-Zustände erreichen und wahre Freude und Zufriedenheit empfinden.

Wenn wir verstehen, dass vieles einfach „nur" unser Gehirn ist und dass unser Bewusstsein der Steuermann oder die Steuerfrau ist, die diese hochkomplexe Maschine bedient, dann ist der erste Schritt getan. Der zweite Schritt ist, mittels Achtsamkeit und der Kraft der Gedanken sein Gehirn so zu programmieren, dass wir in der heutigen (Arbeits-)Welt wieder unser volles Potenzial entfalten können.

Mit dem vorliegenden Buch möchte ich die Erkenntnisse meiner eigenen Reise weitergeben und dabei allen Lesern helfen, unser Gehirn und sich selbst besser zu verstehen. Mittels verschiedener Achtsamkeitsübungen und Meditationen möchte ich dabei unterstützen, dass jeder wieder die Kontrolle für sein Leben übernimmt. Das Training zentraler Schlüsselkompetenzen wie Fokus, Intuition, Resilienz oder Empathie hilft, die ureigenen Potenziale wieder an die Oberfläche zu bringen und in Summe wieder zufriedener und erfolgreicher im Job zu sein. Dabei vereint das Buch Wissenschaft und Spiritualität und gibt neben vielen Übungen auch Tipps, wie man Achtsamkeit Schritt für Schritt in sein Leben integriert.

Im ersten Kapitel erkläre ich, warum es für unser Steinzeit-Gehirn im Zeitalter der Digitalisierung kaum noch möglich ist, seinen Arbeitsalltag ohne Stress, Überforderung und Müdigkeit zu bewältigen. Weiterhin gehe ich darauf ein, weshalb Achtsamkeit die beste Möglichkeit ist, mit der beschriebenen Überforderung unseres Gehirns zurechtzukommen. Hierzu erläutere ich, was Achtsamkeit ist, gehe auf die Wirkung und die unterschiedlichen Übungsformen ein. Da Achtsamkeit mittlerweile schon als Trend gilt und oftmals sogar der Begriff „McMindfulness" in den Medien erscheint, räume ich im zweiten Kapitel mit den typischen Mythen, Sagen und Legenden auf, die sich um das Thema Achtsamkeit gebildet haben.

Im dritten Kapitel liegt der Fokus darauf, wie wir mit Achtsamkeit unser eigenes Betriebssystem umprogrammieren können. Um in der Arbeitswelt der Zukunft bestehen zu können, sind Schlüsselkompetenzen gefordert, die wir mit Achtsamkeit gezielt trainieren und ausbauen können. Hierfür werden jeweils Achtsamkeits- und Meditationsübungen vorgestellt, die dabei helfen, mit Achtsamkeit fest verankert und doch hoch flexibel sein volles Potenzial zu entfalten. Gleichzeitig sollen Tipps dabei helfen, Achtsamkeit tiefer im (Arbeits-)Alltag zu verankern.

Da wir alle wissen, dass es nicht so einfach ist, etwas Neues in unser Leben zu integrieren, beschäftigt sich das vierte Kapitel damit, wie wir unseren Gewohnheiten und Alltagssüchten auf die Schliche kommen und mit welchen Tricks wir es schaffen, das Projekt Achtsamkeit auch wirklich durchzuziehen. Hierbei werden auch typische Hindernisse und Stolpersteine erläutert, die uns auf unserem Weg in ein bewussteres Leben und Arbeiten begegnen.

1 Warum Digitalisierung, unser Steinzeit-Gehirn und Achtsamkeit eine Einheit bilden

*„Es ist nicht die stärkste Spezie, die überlebt,
auch nicht die intelligenteste,
es ist diejenige, die sich am ehesten
dem Wandel anpassen kann." –*
CHARLES DARWIN

Unsere (Arbeits-)Welt hat sich in den letzten Jahren so massiv verändert, dass es für uns immer schwieriger wird, in dieser Welt stressfrei und mit hohem Energie- und Leistungslevel zu bestehen. Der typische Arbeitsalltag ist durch Überforderung, Druck, ständige Unterbrechungen, Ablenkungen, permanente Erreichbarkeit und sich ständig ändernde Märkte gekennzeichnet. Man spricht von der sogenannten VUCA-Welt, die durch Volatilität (Volatility), Ungewissheit (Uncertainty), Komplexität (Complexity) und Mehrdeutigkeit (Ambiguity) gekennzeichnet ist. Als Strategien zum Bestehen in dieser Welt werden die Fähigkeiten Vision (vision), Verstehen (understandig), Klarheit (clarity) und Agilität (agility) genannt. Doch haben die Veränderungen der VUCA-Welt vor allem Auswirkungen auf unser Steinzeit-Gehirn, was diesen Veränderungen aktuell (noch) nicht gewachsen ist. Wie sollen wir Visionen entwickeln oder verstehen, wenn unser Gehirn uns aufgrund der permanenten Überforderung immer öfter in den Autopilot-Modus schaltet, der unser Denken lediglich auf Wissen aus der Vergangenheit beschränkt? Wie sollen wir Klarheit entwickeln, wenn wir uns eigentlich kaum noch konzentrieren können? Oder wie sollen wir agil denken, wenn wir durch diese permanente Überforderung immer mehr unsere geistige Flexibilität und unseren Zugang zu uns selbst verlieren?

Genau hier kommt Achtsamkeit ins Spiel. Unterschiedlichste Forschungsrichtungen konnten mittlerweile belegen, dass uns Achtsamkeit dabei hilft, in der viel zitierten VUCA-Welt gelassener, klarer und leistungsfähiger zu werden. Achtsamkeit führt zu einer besseren Vernetzung unseres Gehirns und stärkt genau die Fähigkeiten, die unserem

Steinzeit-Werkzeug dabei helfen, sich zu einem agilen Gehirn zu entwickeln, das nicht ständig in den Autopiloten wechselt, sondern bei dem wir wieder selbst die Führung übernehmen.

1.1 Warum unser Gehirn dem heutigen Arbeitsalltag nicht mehr gewachsen ist

> „Die Dialektik der Digitalisierung:
> Zeitersparnis macht Zeit zu
> einer Mangelerscheinung." –
> THOM RENZIE

Das Arbeitsleben hat sich allein in den letzten 50 Jahren drastisch verändert. Wenn wir uns an die Jäger und Sammler erinnern, hat unsere Zeit kaum noch etwas mit dem zu tun, wofür unser Gehirn ursprünglich Millionen von Jahren optimal programmiert wurde. Während zu Zeiten der Jäger und Sammler die Welt sicherlich gefährlicher war, waren die Rahmenbedingungen für unsere Schaltzentrale wesentlich zuträglicher als heute. Wir waren den ganzen Tag an der frischen, schadstofffreien Luft, immer in Bewegung und mit natürlicher, abwechslungsreicher Nahrung versorgt. Unsere Sinne waren hoch geschärft, wir besaßen unzählige Fertigkeiten und Fähigkeiten, um unser Überleben zu sichern, und wir hatten eine körperliche Fitness wie ein Profisportler. Was die typische „Arbeitszeit" eines Jägers und Sammlers angeht, geht man davon aus, dass sie damals bei ca. 35 Stunden die Woche lag, sie hatten weniger Hausarbeit und mussten keine Rechnungen zahlen. Es gab weniger Krankheiten, Stress und ein sehr gutes Sozialgefüge.

Heute arbeitet der überwiegende Teil in Großraumbüros, mit flackerndem Kunstlicht und permanent summender Belüftungsanlage. Wir sitzen 8 Stunden und länger am Schreibtisch, auf dem Tisch liegen das private Smartphone und unser Firmenhandy, das Headset klebt permanent im Ohr. Wir starren in 2, manchmal sogar 3 Bildschirme, die von einem kleinen Notebook gefüttert werden, so dass mobil auch möglichst immer und überall gearbeitet werden kann. Ständige Erreichbarkeit ist mittlerweile ein Grundgesetz und so prallen E-Mails, WhatsApp- oder LinkedIn-Nachrichten in einer Häufigkeit auf uns ein, dass es kaum noch möglich ist, sich für ein paar Minuten auf eine Aufgabe zu konzentrieren. In der Mittagspause gibt es industriell verarbeitete, leere Lebensmittel, natürlich am Arbeitsplatz, da man so effektiver ist. Überall blinkt es, ständig kommen neue Informationen und, wenn man das Fenster öffnet, hören wir statt Vogelgezwitscher Autos, Sirenen und atmen ungesunden Smog ein. All das führt zu Zivilisationskrankheiten, die uns das Leben zusätzlich erschweren. Seit ein paar Jahren wird nur noch von digitaler Transformation und Agilität gesprochen, künstliche Intelligenz und Maschinen übernehmen Schritt für Schritt unsere Arbeit und sind sicherlich bald auch in Form von Haushaltsrobotern Teil unseres privaten Lebens. Alles wird schneller, komplexer, globaler, lauter und unberechenbarer. Irgendwann werden neben all den Maschinen auch Pandemien wie Corona zum normalen Alltag gehören.

In der digitalen Entwicklung steckt sicherlich etwas Positives, keine Frage. Nur leider haben wir unterschätzt, dass sich auch unser Steinzeit-Gehirn an diese geänderten (Arbeits-)Bedingungen anpassen muss. In der Steinzeit hatte unser Gehirn über mehrere hunderttausende Jahre Zeit, sich optimal an die damaligen Bedingungen anzupassen. Daher galt unser Gehirn zu dieser Zeit auch als absolute Hochleistungsmaschine. Doch mit dem Beginn der Landwirtschaft hat sich unser Leben zunehmend verändert und unser Gehirn hatte gerade in den letzten Jahren kaum Zeit, sich an diese Veränderungen anzupassen. Während sich unsere Welt immer mehr vernetzt, ist unser Steinzeit-Gehirn für eine derartig vernetzte Welt (noch) nicht ausreichend programmiert. Und so ist unsere moderne digitale Welt der Auslöser dafür, dass unser Gehirn und damit auch wir an unsere Grenzen geraten und wir zunehmend Schwierigkeiten haben, in dieser hektischen Welt zu bestehen.

Während die Informationsflut zu Steinzeiten noch halbwegs händelbar war, macht das ständige Hintergrundrauschen, das unser Gehirn ohne Unterbrechungen mit Informationen und Reizen überflutet, es immer schwieriger, sich auf das Wesentliche zu konzentrieren. Und dies beeinträchtigt uns auf allen Ebenen unseres Denkens – unserer Wahrnehmung, Entscheidungen oder Emotionen und führt letztendlich dazu, dass wir immer mehr unsere Konzentrations- und Leistungsfähigkeit verlieren. Ursache dieser Überforderung ist die Fehleranfälligkeit unseres Gehirns. So genial unsere Schaltzentrale auch sein mag, sie arbeitet nicht 100% fehlerfrei. Diese Anfälligkeit für Störungen bestand zwar schon zu Steinzeiten, jedoch machen es insbesondere technische Entwicklungen wie Internet, Smartphone oder soziale Medien unserem Gehirn immer schwerer, alle eintreffenden Reize adäquat zu selektieren und Unwichtiges auszublenden.

Störungen treffen in Form von Ablenkungen oder Unterbrechungen auf uns ein und können in uns selbst oder extern ausgelöst werden. Bei Ablenkungen handelt es sich um Informationen, die für die eigentliche Aufgabe irrelevant sind. Wenn wir uns z. B. mit einem Kollegen über eine bestimmte Situation austauschen und wir während des Gespräches kurz daran denken, dass wir noch die Präsentation ausdrucken müssen, dann handelt es sich um eine innere Ablenkung, die auch als Mind-Wandering bezeichnet wird, also das Abschweifen der eigenen Gedanken. Ein Beispiel für eine äußere Ablenkung ist etwa ein Gespräch am Mittagstisch in der Kantine, wo wir unseren Namen hören. Auch wenn wir wissen, dass es nicht um uns geht, sind wir abgelenkt.

Unterbrechungen unterscheiden sich von Ablenkungen dahingehend, dass sie dann auftreten, wenn man sich mit mehreren Aufgaben gleichzeitig beschäftigt. Man bezeichnet dies als Multitasking. Wir versuchen, zwei oder mehrere Aufgaben mit jeweils eigenständigen Zielen gleichzeitig zu bewältigen. Wir telefonieren und checken gleichzeitig unsere E-Mails oder fahren Auto und schreiben eine Nachricht. Doch unser Gehirn verfügt nur über sehr begrenzte Möglichkeiten, unsere Aufmerksamkeit zu verteilen. Wir sind entgegen früherer Annahmen nicht multitaskingfähig. Was wir als Multitasking bezeichnen, ist nicht mehr als das ständige hin und her wechseln zwischen unterschiedlichen Reizen und Informationen, die auf uns einprallen. Und dieses ständige Switchen macht vor allem eins: müde und führt zu Fehlern. Es zieht so viel Energie aus unserem Akku, dass unser Gehirn sich eine Strategie überlegen muss, um uns trotzdem halbwegs sicher durchs Leben zu navigieren.

Wenn sich unser Gehirn von den ständigen Ablenkungen und Unterbrechungen, von der schier unzähligen Informationsmenge, die es verarbeiten soll, überfordert fühlt, dann schaltet es in den sog. Autopilot-Modus. In diesem Modus wehrt es neue Information eher ab und bedient sich einfach seiner vorgefertigten Standardschubladen, die mit Erfahrungen aus der Vergangenheit vollgestopft sind. Bei zu hoher Komplexität übernimmt unser Gehirn also die Steuerung und lässt uns wie ferngesteuert durchs Leben gehen. Diese Strategie hat nur leider einen gravierenden Nachteil: Sie führt dazu, dass wir nur noch in der Vergangenheit, in Daumenregeln, Mustern und Gewohnheiten denken. Wir verlieren den Zugang zu uns selbst, unseren Sinnen und unserer Intuition. Wir leben in einem Zustand, wo wir auf innere und äußere Reize wie fremdgesteuert reagieren, wo Entscheidungen und Handlungen unbewusst und überwiegend automatisch geschehen.

Den Begriff „Autopilot" kennt man vor allem aus der Luftfahrt. Der Pilot schaltet ab einer bestimmen Flughöhe in den Autopilot-Modus und die Maschine fliegt von allein zum gewünschten Ziel. Das ist sehr praktisch, da der Pilot nur noch kontrollieren und ggf. korrigieren muss, so dass mögliche Fehler vermieden werden können. Auf das wahre Leben übertragen, kann uns der Autopilot-Modus in vielen Situationen das Leben leichter machen. Wir müssen nicht darüber nachdenken, was wir tun. Er entlastet uns, wir sind effizienter und irgendwie gibt er uns auch Sicherheit. Problematisch wird es nur, wenn der Autopilot, so wie bei den meisten Menschen heutzutage, die Oberhand gewinnt und sie die überwiegende Zeit des Tages in diesem Modus verweilen. Wir verlieren die Fähigkeit, unser Flugzeug und damit unser Leben selbst zu steuern. Wir leben in fest verankerten Ansichten, Verhaltensweisen und Routinen, die nie bewusst hinterfragt und geändert werden. Wir halten an Dingen fest, die uns vielleicht gar nicht wirklich guttun. Oder wir reagieren in bestimmten Situationen immer wieder auf die gleiche falsche Art und Weise, wie wir es schon seit 20 Jahren tun. Auch wenn wir uns es selbst nicht eingestehen wollen: Die meisten Entscheidungen sind einfach Verhaltens- und

Gedankenmuster, die immer und immer wieder automatisch in einer Dauerschleife unser Leben bestimmen und die sich am Ende negativ auf uns und unsere Arbeit auswirken.

Die pausenlose Aufnahme von Informationen hat weiterhin die Konsequenz, dass unsere Schaltzentrale nicht mehr zur Ruhe kommt. Diese Ruhephasen sind allerdings elementar, um unserem Gehirn die Gelegenheit zu geben, Aufgenommenes zu verarbeiten, abzuspeichern und wieder einen Zustand zu erreichen, in dem es neue Informationen aufnehmen kann. Als Konsequenz schaffen es viele Informationen gar nicht ins Langzeitgedächtnis und wir haben das Gefühl, wir werden alt und vergesslich. Uns überfordern Aufgaben, die wir einen Tag später im Schlaf erledigen würden. Und wir schaffen es nicht Mal mehr, eine Seite von einem Buch zu lesen und uns kurze Zeit später noch daran zu erinnern.

In Summe führen all diese Entwicklungen dazu, dass das Energielevel unseres Gehirns seit Jahren sinkt. Wir laufen mit einem Ladezustand von 10% durchs Leben, in der ständigen Hoffnung, damit noch 10 Stunden und länger durchzuhalten.

Doch unser Energieniveau beeinflusst stark, wie wir denken, fühlen und handeln. Ein negatives Energielevel führt nicht selten zu einer negativen Brille, mit der wir unser Leben betrachten. Gleichzeitig führt der permanente Netzwerkwechsel in unserem Gehirn zu einer erhöhten Fehlerquote und einem wesentlich höheren Zeitaufwand, als wenn wir uns stupide auf eine Aufgabe fokussieren würden. Es kommt zu Einschränkungen in der Kapazität unseres Gedächtnisses und der Genauigkeit bzw. der Qualität der im Arbeitsgedächtnis abgelegten Informationen. Hinzu kommen Schlafmangel, kaum frische Luft, ungesunde Ernährung und Bewegungsmangel, so dass unsere Schaltzentrale immer weniger Möglichkeiten hat, unser Akku wieder vollständig aufzuladen. Die Folge sind Stress, Krankheit, Übergewicht, Unzufriedenheit, mangelnde Arbeitsergebnisse und der Verlust von Spaß, Sinnhaftigkeit und vor allem Lebensfreude.

1.2 Kaffee, Drogen oder einfach Achtsamkeit?

> „Du kannst die Wellen nicht stoppen,
> aber du kannst lernen, auf ihnen zu surfen." –
> JON KABAT-ZINN

Wir leben also mit einem überforderten Steinzeit-Gehirn in einer hektischen, lauten und komplexen (Arbeits-)Welt. Auf die Evolution können wir nicht warten, also müssen wir selbst etwas tun, wenn wir uns fest verankert durch diesen digitalen Dschungel steuern und dabei unser volles Potenzial entfalten wollen.

Der Großteil der Bevölkerung versucht, morgens vor der Arbeit sein müdes Gehirn mit Kaffee zu puschen. Tagsüber halten zu viel Zucker, Fastfood und wieder Kaffee unser Gehirn bei Laune. Wenn viele dann abends von der Arbeit nach Hause kommen, gibt es Couch, TV, Wein, Bier oder einen Joint zum Runterkommen. Wer unter Schlafstörungen oder Schmerzen leidet, mixt den Cocktail noch mit etwas Medizin.

Dass diese Methode auf Dauer nicht funktionieren kann, können wir an der steigenden Zahl an Depressionen, Burnout und dem rapiden Anstieg sog. Lifestyle-Krankheiten messen. Es ist ein Weg, der die Situation auf Dauer nur verschlimmert und unser Gehirn immer mehr ins Schleudern bringt. Erforderlich ist daher eher eine Art Evolutionsbooster, der unser Gehirn so verändert, dass es den gestiegenen Anforderungen unserer Zeit bestmöglich gewachsen ist.

Und hier kommt Achtsamkeit ins Spiel. Wissenschaft und Forschung konnten belegen, dass Achtsamkeit genau die Fertigkeiten fördert, die es unserem Gehirn ermöglichen, sich zu verändern. Sie stärkt gleichzeitig die Areale im Gehirn, die es im digitalen Zeitalter benötigt, um den veränderten Anforderungen gerecht zu werden.

1.2.1 Die Wandelbarkeit unseres Gehirns

> „Du hast die Macht, der Bildhauer
> deines eigenen Gehirns zu sein." –
> SANTIAGO RAMÓN Y CAJAL

In der Schule wurde mir damals noch beigebracht, dass sich unser Gehirn ab dem Erwachsenenalter nicht mehr verändert und ich mich auf den voranschreitenden Zerfall einstellen muss. Doch der rasante technische Fortschritt konnte zum Glück dazu beitragen, dass Wissenschaft und Forschung mittlerweile wissen, dass unsere Schaltzentrale dazu in der Lage ist, sich selbst noch bis ins hohe Alter immer wieder neu zu erfinden. Diese außergewöhnliche Eigenschaft unseres Gehirns trägt den Namen Neuroplastizität.

Neuroplastizität ist die Fähigkeit unseres Gehirns, sich selbst zu ändern, zu regenerieren und neu zu verdrahten. Selbst in unseren Genen verankerte Verhaltensweisen können durch die neuronale Plastizität unseres Gehirnes verändert werden. Dank der Neuroplastizität ist es möglich, unser Gehirn weiterzuentwickeln und sogar neu zu programmieren. Wir können lernen, nicht mehr in gewohnte, sich ständig wiederholende und oftmals ungesunde Verhaltensmuster zu verfallen, die sich in uns durch unsere Gene und unseren vergangenen Erfahrungen gebildet haben. Neuroplastizität ermöglicht unserem Steinzeit-Gehirn, seine gewohnten inneren Verbindungen aufzugeben und komplett neue Trampelpfade anzulegen.

Man kann die Neuroplastizität unseres Gehirns an folgendem Bild ganz gut veranschaulichen:

Die meisten Menschen sehen als Erstes eine Ente. Unser Gehirn erkennt ein vertrautes Muster eines Vogels und interpretiert dies als Ente. Nun versuchen wir auf dem Bild keinen Vogel, sondern einen Hasen zu sehen. Wir bringen auf diese Weise unser Gehirn dazu, seine gewohnten inneren Verbindungen aufzugeben und neue Muster und Verbindungen anzulegen. Oftmals sehen wir dann sogar eher einen Hasen als eine Ente – und genau das ist Neuroplastizität.

Wir besitzen also die Fähigkeit, unser Betriebssystem selbst neu zu programmieren. Wir können in unserem Gehirn genau die Verbindungen stärken, die wir benötigen, um unsere Schaltzentrale an die geänderten Anforderungen des digitalen Zeitalters anzupassen. Hierfür bedarf es laut neurowissenschaftlicher Forschungen vor allem der Konzentration auf den gegenwärtigen Moment, also auf das, was wir gerade in diesem Augenblick tun. Wenn wir etwas erleben, ohne uns bewusst darauf zu konzentrieren, löst dies keine Veränderungen im Gehirn aus. Aufmerksamkeit ist somit die Voraussetzung für Neuroplastizität und Präsenz ist sozusagen die Seele der Achtsamkeit.

1.2.2 Das Wesen der Achtsamkeit

„Annehmen. Loslassen. Frieden." –
DR. MELANIE PESCHMANN

Achtsamkeit bedeutet die Konzentration auf den gegenwärtigen Moment, also auf das, was man in genau dem Augenblick gerade tut. Man schenkt der Gegenwart seine 100%-ige und ungeteilte Aufmerksamkeit. Wenn man eine Präsentation erstellt, dann erstellt man die Präsentation, wenn man im Meeting ist, dann konzentriert man sich ausschließlich auf das Meeting. Es heißt im Hier und Jetzt zu leben und nicht in unzähligen sinnlosen Gedanken aus Vergangenheit und Zukunft. In der Achtsamkeit geht es nicht darum, irgendwo hinzukommen, sondern dort anzukommen, wo man bereits ist, im gegenwärtigen Augenblick. Und gerade in der Arbeitswelt bedeutet Achtsamkeit vom Multitasking hin zum Monotasking.

Der Fokus auf das Jetzt ist in der Achtsamkeit durch verschiedene „Grundwerte" gekennzeichnet. Dabei zählen Annehmen, Nicht-Bewerten und Loslassen zu den drei wichtigsten, die uns auch im Verlauf des Buches immer wieder begegnen werden.

Annehmen

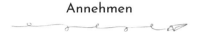

Der größte Energiefresser in unserem Leben ist Widerstand. Er kennzeichnet die bewusste oder unbewusste Weigerung, etwas so zu akzeptieren, wie es ist. Widerstand ist eine weit verbreitete Grundeinstellung von uns Menschen. Doch Widerstand erzeugt Stress und führt dazu, dass wir uns noch tiefer in Vergangenheit und Zukunft verrennen. Er erzeugt Probleme und negative Emotionen. Sobald wir das Leben, Situationen oder Menschen so annehmen, wie sie sind, entspannt und weitet sich unser Geist und Energie kann wieder fließen. In der Achtsamkeit wird der gegenwärtige Moment daher genauso angenommen, wie er ist. Auf diese Weise lassen unsere Gedanken oft von allein nach. Dabei meint Annehmen nicht, dass man sich alles gefallen lässt oder bedeutet etwas Passives. Es bedeutet keine Resignation, bei der man sich den Dingen einfach hingibt oder ist ein Zeichen von Schwäche. Genau das bedeutet Annehmen oder Akzeptanz nicht. Nur wenn wir akzeptieren, ist unser Geist bereit zu handeln. Er denkt dann in Lösungen und nicht in Problemen. Wenn wir Widerstand gegen eine Situation oder Person empfinden, dann analysieren oder kämpfen wir, aber es ändert nichts an der Situation, es kostet nur Energie. Die Situation ist, wie sie ist. Ob wir traurig sind, ein Projekt nicht gemäß unserer eigene Standards abgeschlossen haben oder aus unserer Sicht zu wenig Gehalt verdienen – es ist, wie es ist. Widerstand erzeugt Drama in unserem Kopf und zieht Energie aus unserem Akku, aber es ändert nichts.

Nicht-Bewerten

Ein weiteres Grundproblem unseres Verstandes ist das ständige Bewerten und Urteilen, welches in unserer linken Gehirnhälfte erfolgt. Egal was auch in unserem Leben passiert: Wir drücken den Geschehnissen einen

Stempel auf – positiv, negativ, gut, schlecht, dick, dünn, hässlich oder schön. Doch genau diese Bewertungen lösen einen chemischen Neurotransmitter-Cocktail in unserem Gehirn aus, der Emotionen erzeugt, die zu diesen Gedanken passen und, ehe wir uns versehen, befinden wir uns in einem Gedankenkarussell aus Vergangenheit und Zukunft, aus dem wir nicht so schnell wieder rauskommen.

Ein neutraler innerer Zustand hingegen führt dazu, dass unser Gehirn weder positive noch negative Botenstoffe produziert. So bleibt das Gedankenkarussell aus, das oft unseren Alltag bestimmt. Nicht bewerten bedeutet in der Achtsamkeitspraxis, dass man seine aufsteigenden Gedanken, Gefühle und Emotionen aus der Vogelperspektive beobachtet und dann wie Wolken am Himmel einfach weiterziehen lässt. Man reagiert einfach nicht darauf oder teilt die Wolken in große, kleine, gute oder schlechte Wolken ein. Es sind einfach Wolken.

Das Nicht-Bewerten des gegenwärtigen Moments führt dazu, dass wir sofort in die Lösung gehen und nicht erst immer wieder eine Zwischenschleife für gedankliche Dramen einlegen. Achtsamkeit lässt uns verstehen, dass Gedanken lediglich Gedanken sind, jedoch nicht die Wahrheit dessen, was ist. Dies hilft uns dabei, uns von unseren oft zerstörerischen Gedanken zu desidentifizieren. Wir lassen uns nicht mehr auf jedes Drama ein, was unser Gehirn produziert: So wird das Gedankenrad langsamer. Das Gehirn muss nicht mehr zwischen tausenden Reizen hin und her springen, sondern hat wieder genug Kapazität, sich auf Entdeckungsreise zu begeben.

Loslassen

Die Buddhisten sprechen vom Nicht-Anhaften, hierzulande hat sich der Begriff des Loslassens etabliert. Er bedeutet, dass wir lernen, dass alles in unserem Leben vergänglich ist. An etwas festzuhalten, erzeugt Drama in uns und ist die Ursache von Leid und Problemen. Wir verlieren den Kontakt zur Gegenwart und klammern uns an die Vergangenheit oder verlieren uns in der Zukunft. Wir können also nur im Hier und Jetzt leben, wenn wir es lernen, loszulassen. Nur wenn wir von Vergangenheit und

Zukunft ablassen, können wir in den gegenwärtigen Moment kommen. Nur wenn wir es lernen, loszulassen, sind wir von Moment zu Moment offen für neue Eindrücke und Erlebnisse. Und nur das Loslassen ermöglicht es uns, die Wolken auch wirklich ziehen zu lassen.

Je mehr Dinge wir festhalten und nicht abschließen, je mehr klaut es uns Energie. Wie ein alter Computer, der bei ein paar offenen Programmen und Taps immer langsamer wird und wo irgendwann gar nichts mehr geht. Wenn wir die Programme und Taps jedoch schließen und damit loslassen, dann werden wir schneller und unsere Energie kann wieder ungehindert fließen.

1.2.3 Wirkungen der Achtsamkeit

> „Wenn die Achtsamkeit etwas Schönes berührt,
> offenbart sie dessen Schönheit.
> Wenn sie etwas Schmerzvolles berührt,
> wandelt sie es um und heilt es." –
>
> THICH NHAT HANH

Grundsätzlich ist Achtsamkeit nicht etwas, was man begreift, wenn man etwas darüber liest. So wirklich kann man die Wirkungen erst verstehen, wenn man sie selbst erlebt. Da jeder Mensch seine eigenen positiven und negativen Erfahrungen im Leben gemacht hat, empfindet auch jeder Achtsamkeit etwas anders.

Die „Liste" der Effekte, die ein regelmäßiges Achtsamkeitstraining in uns bewirkt, ist lang. Die nachfolgend aufgeführten Wirkungen sind daher nur ein Ausschnitt und sind vordergründig die, die durch verschiedenste Studien mittlerweile belegt und bestätigt wurden. Meist kann bereits ein einziger der genannten Punkte unser Leben und unsere Arbeit positiv verändern und eine neue Richtung vorgeben.

Achtsamkeit verändert unser Gehirn und macht uns quasi schlauer

Da unser Gehirn nicht mehr ständig auf Autopilot schaltet, nehmen wir uns und unsere Umgebung wieder anders wahr. In der Achtsamkeit spricht man oft vom sog. Anfängergeist: Keine Schublade, die geöffnet wird, keine Bewertung einer Situation anhand von Erfahrungen aus der Vergangenheit. Unser Gehirn geht neue Wege und durch das Anlegen neuer Nervenbahnen verändert sich die Architektur unseres Gehirns. Gehirnareale werden besser vernetzt. Eine bessere Vernetzung führt zu einer besseren Leistung. Gleichzeit wachsen Gehirnbereiche, die für Lernen, Gedächtnis, Konzentration oder den Umgang mit Gefühlen wichtig sind. Aber nicht nur das Wachstum zentraler Bereiche führt dazu, dass wir schlauer werden. Achtsamkeit hilft uns, unsere ureigenen Sinne wieder zu schärfen und wieder unsere innere Stimme zu hören. Gehirn, Bauch, Herz und andere Körpersignale werden wieder bewusst wahrgenommen. Dies führt zu einer Intelligenz, die weit über die Intelligenz hinausgeht, die ein auf der Vergangenheit beruhender Autopilot-Modus ermöglicht.

Achtsamkeit lindert Stress und Ängste und hilft bei Schmerzen

Achtsamkeit stärkt unser Bewusstsein dafür, unsere Gedanken nicht allzu ernst zu nehmen. Stress und Angst entstehen oft, weil wir an etwas denken, was in der Zukunft liegt. Schaffe ich das, wie wird sich das Projekt entwickeln, was passiert, wenn ich die Aufgabe nicht rechtzeitig fertigstelle? Da jeder Gedanke einen chemischen Cocktail im Körper auslöst, der ein Gefühl hervorbringt, erzeugen derartige Gedanken oft Angst, Stress, Traurigkeit oder sogar Depressionen. Da Achtsamkeit das bewusste Leben im gegenwärtigen Moment bedeutet, reduzieren sich viele Gedanken, die in uns Stress oder Ängste auslösen, fast von allein. Auch die Fähigkeit, die Dinge so anzunehmen, wie sie sind, führt zu einer Reduzierung unseres Stress-, Schmerz und auch Angstempfindens. Wir lernen in der Achtsamkeit, uns nicht mit unserer Angst oder mit unserem Schmerz zu identifizieren. Wir sind nicht der Schmerz oder unsere Angst. Der Schmerz intensiviert sich oft erst durch unsere eigenen Gedanken, also nimmt man sie wahr und lässt sie ziehen.

Aus wissenschaftlicher Sicht bewirkt Achtsamkeit im Gehirn ein Wachstum der sogenannten grauen Substanz. Die graue Substanz ist mit dafür verantwortlich, wie stark wir Stress wahrnehmen. Je mehr graue Substanz wir haben, desto widerstandsfähiger gegen Stress sind wir. Gleichzeitig führt Achtsamkeit zu einer Verringerung des Angstzentrums im Gehirn.

Achtsamkeit stärkt das Immunsystem

Das man seine Gedanken nicht mehr so ernst nimmt, gelassener mit Stress umgeht und weniger Angst empfindet, hat auch positive Effekte auf unser Immunsystem. Da das Immunsystem nicht ständig die Überlastung, die Stress, Angst und Unwohlsein in unserem Körper auslösen, ausgleichen muss, kann es sich auf seine Hauptfunktion, die Abwehr von Krankheiten, konzentrieren. Gleichzeitig nehmen wir uns und unseren Körper wieder intensiver wahr und hören auf die Signale, die der Körper uns sendet. So überfordern wir uns weniger und erkennen unsere Belastungsgrenzen, was sich ebenfalls positiv auf unser Immunsystem auswirkt.

Achtsamkeit steigert die Konzentration und Leistungsfähigkeit

Achtsamkeit führt zu einer besseren Konzentration, da man u. a. in der Meditation oder in Bewegungsformen wie Yoga oder Tai-Chi wieder lernt, sich auf eine Sache zu fokussieren. Man lässt die Gedanken, die einen immer wieder aus der Konzentration holen, einfach wie Wolken ziehen. Je besser wir uns auf etwas konzentrieren können, je geringer also die Ablenkung oder Unterbrechung ist, je besser ist auch das Ergebnis. Gleichzeitig werden wir kreativer und entwickeln wesentlich mehr Freude für das, was wir tun. Das kann im Job, aber auch im Privatleben helfen. Im Grunde bekommst du die Zeit, die du in deine Achtsamkeitspraxis investierst, mehr als doppelt zurück. Du erzielst bessere Ergebnisse in einer kürzeren Zeit. Und als Bonus macht es noch wesentlich mehr Spaß.

Achtsamkeit hilft beim bewussten Essen und gesünderem Leben

Eine regelmäßige Achtsamkeitspraxis führt fast automatisch zu einer gesünderen Ernährung. Da man sich selbst und die Signale seines Körpers wieder besser wahrnimmt, nimmt man Hunger und Sättigungsgefühle wieder anders wahr. Unser Körper gibt uns genau zu verstehen, welche Vitamine und Mineralstoffe er braucht, um sein inneres Gleichgewicht aufrechtzuerhalten. Wir haben nur verlernt, diese Signale zu hören.

Da Achtsamkeit zu mehr Empathie und Mitgefühl führt, beginnt man, weiterhin wie von selbst nachhaltiger zu denken und damit auch ein anders Bewusstsein für Essen und seine Herkunft aufzubauen. Durch Achtsamkeit achtet man mehr darauf, was einem selbst, aber auch der Natur guttut. Und das spiegelt sich auch in den Essgewohnheiten wider. Das bewusste Essen führt zu mehr Genuss. Die Zubereitung wird zur Meditation. Und in Summe wirkt sich dies auch auf einen gesünderen Lebensstil aus.

Achtsamkeit schenkt Freiheit

Jeder kennt Situationen, wo er innerhalb kurzer Zeit von 0 auf 180 ist oder wo er ohne irgendeinen Grund eine innerliche Traurigkeit verspürt. Achtsamkeit schenkt uns einen kleinen Vorsprung: Wir werden zum Beobachter unserer eigenen Gedanken, Handlungen und Emotionen und können so unser Verhalten wesentlich besser regulieren. Von oben aus der Vogelperspektive können wir uns und unsere Handlungen und Reaktionen beobachten und so unsere Gefühle und Emotionen besser steuern. Ich bin also nicht mehr Sklave meiner Gedanken und Emotionen und handele wie ein Roboter, ferngesteuert durch alles, was durch Gehirn und Körper an mich gesendet wird. Ich beobachte, nehme wahr und treffe auf dieser Basis meine Entscheidungen.

Gleichzeitig führt die gesteigerte Selbstakzeptanz, die Achtsamkeit in uns bewirkt, zu einer Reduzierung unserer angeborenen Abhängigkeit nach Anerkennung in der Außenwelt. Man ist mit sich selbst im Reinen und braucht nicht mehr die Bestätigung von anderen. Das schafft eine Freiheit, die uns von vielen negativen Emotionen und Gedanken befreit, die aus der Außenwelt kommen und die uns oft aus unserem inneren Gleichgewicht bringen. In Summe entsteht so ein Freiheitsgefühl, eine Selbstbestimmtheit und eine Kraft, die uns alles ermöglicht, was wir im Leben brauchen, um glücklich zu sein.

1.3 Warum Achtsamkeit mehr als Meditation ist

> „Der Weg zu allem Großen
> geht durch die Stille." –
> FRIEDRICH NIETZSCHE

Achtsamkeit wird bei vielen fälschlicherweise immer noch mit Meditation gleichgesetzt. Das heißt, nur weil ich seit 30 Jahren 20min täglich meditiere, bin ich nicht automatisch ein achtsamer Mensch. Achtsamkeit ist viel mehr und Meditation ist nur ein Element der täglichen Achtsamkeitspraxis. Achtsamkeit ist ein Puzzle, was sich aus vielen unterschiedlichen Teilen zusammensetzt. Konkret nennt man dies die formelle und die informelle Achtsamkeitspraxis, die nur gemeinsam angewendet unseren Achtsamkeitsmuskel auch nachhaltig trainiert.

1.3.1 Formelle Achtsamkeitsübungen

> „Meditation bringt uns in Berührung
> mit dem, was die Welt im Innersten zusammenhält." –
> JOHANN WOLFGANG VON GOETHE

Zur formellen Achtsamkeitspraxis zählen neben der klassischen Sitz- und Geh-Meditation auch Bewegungsformen wie Yoga, Tai-Chi und Qigong. Formell bedeutet hier, dass ich mir bewusst Zeit nehme für meine

Übungen. Ich plane also pro Tag z. B. 1 Stunde Zeit ein, wo ich zum Yoga gehe oder meditiere. Ziel der Übungen ist es, den Geist für eine festgelegte Zeit auf etwas bestimmtes zu fokussieren. Bei der Meditation ist es z. B. der Atem oder einzelne Körperteile. Bei Bewegungsformen wie Yoga oder Tai-Chi liegt der Fokus der Aufmerksamkeit auf der Ausführung der Bewegungen an sich.

Das Wesen einer Meditation besteht grundlegend darin, sich auf eine bestimmte Aufgabe zu konzentrieren, meistens ist es das Atmen oder beim Body Scan einzelne Körperteile. Ich beobachte meinen Atem, wie sich der Brustkorb hebt oder senkt, und versuche, meine Aufmerksamkeit ausschließlich auf diesen Vorgang zu lenken. Oft wird dies zur Vereinfachung noch dadurch ergänzt, dass man beginnt, seinen Atem zu zählen oder Mantras aufzusagen. In dem Moment, wo ich zähle, kann ich nicht denken. Die Konzentration auf etwas Bestimmtes führt dazu, dass unser Gehirn weniger abgelenkt ist. Unser Gedankenkarussell kommt ein wenig zur Ruhe, was einen sehr positiven Effekt auf unser Gehirn und unser Wohlbefinden hat. Das ist manchmal nur eine kleine Sekunde, aber genau diese Sekunde ist enorm wichtig.

Wer so wie ich Schwierigkeiten hat, in die Meditation hineinzufinden, dem empfehle ich, zu Beginn mit Yoga, Tai-Chi oder Qigong zu starten. Yoga ist hierzulande sicherlich am bekanntesten. Während dieser meditativen Bewegungsform konzentriert man sich auf die Anweisungen des Yoga-Lehrers und die Ausführung der Übung. Sobald sich Gedanken in deinem Kopf breit machen, wirst du Schwierigkeiten haben, den Anweisungen zu folgen. Aber das ist gar nicht schlimm: In dem Moment, wo du deine Gedanken bemerkst, konzentrierst du dich einfach wieder auf die Ausführung der Übung an sich. Viele Studios bieten zusätzlich am Ende einer Yoga-Stunde eine kleine Meditation zum Abschluss an. Oftmals ist dies der Body Scan, wo du deine Aufmerksamkeit auf einzelne Körperteile fokussierst. So erhältst du in einer Yoga-Stunde einen Einblick in die klassische Meditation, so dass es dir leichter fallen wird, Meditation zu erlernen.

Auch wenn Yoga mittlerweile sehr verbreitet ist, gibt es immer noch viele Vorurteile. Auch ich habe mich am Anfang mit Yoga schwergetan und mein erster Gedanke war: Das ist nichts für mich. Aber ein wesentlicher

Vorteil von Yoga ist die Vielfalt der unterschiedlichen Yoga-Stile. Von sehr ruhigen und fließenden Stilen bis zum Power-Yoga, wo du so richtig ins Schwitzen kommst. Du solltest dich daher vorab im Internet informieren, was die jeweiligen Stile ausmacht und wie sie sich auf uns und unseren Geist auswirken. Und dann sollte man es einfach probieren, ohne Bewertung und zu große Erwartungen. Einfach machen, ohne im Kopf im Vorfeld bereits eine Geschichte daraus zu basteln.

Wenn es dir keinen Spaß macht, kann es vielleicht am Stil liegen. Manchmal passt auch einfach der Lehrer nicht zu dir. Das ist wie in der Schule: Manchmal stimmt die Chemie und man versteht den Lehrer sofort und mit manchen spricht man einfach nicht die gleiche Sprache. Gib dem Experiment Yoga also mindestens 3 Versuche, bevor du dich dafür entscheidest, ob Yoga etwas für dich ist oder nicht. Falls du dich trotzdem mit Yoga nicht anfreunden kannst, ist das nicht schlimm. Ähnliche Effekte erzielst du auch beim Tai-Chi oder Qigong. Ich habe in meinen Anfängen durch Tai-Chi einen Zugang zu all diesen Themen bekommen.

1.3.2 Informelle Achtsamkeitsübungen

> „Was tust du, um glücklich zu sein,
> fragt der Schüler seinen Meister.
> Wenn ich gehe, gehe ich.
> Wenn ich schlafe, schlafe ich.
> Wenn ich esse, esse ich." -
> BUDDHISTISCHE WEISHEIT

In der informellen Achtsamkeitspraxis nutzt man das Prinzip der Meditation, sich auf etwas zu fokussieren, in ganz normalen Alltagssituationen. Zur informellen Achtsamkeitspraxis zählen alle Übungen, die man quasi in seinen Alltag integriert. Händewaschen, Bügeln, Joggen, Gartenarbeit oder Kochen, alles eignet sich im Grunde für diese Übungen. Man lernt, die Alltagsaufgaben bewusst wahrzunehmen und Achtsamkeit damit zu einem festen Bestandteil in seinem Leben zu machen. Nur ist es nicht wie bei der Meditation der Prozess der Atmung, auf den wir uns fokussieren, sondern die Ausführung der Tätigkeit an sich. Ich betrachte jede Bewegung, jeden Sinneseindruck ganz intensiv und lenke meine Aufmerksamkeit nur auf das, was ich jetzt gerade tue. Wenn ein Gedanke kommt, ist das ok, das passiert selbst jahrelangen Profis. Unser Gehirn denkt immer, man kann es nicht einfach abschalten. Aber in dem Moment, wo der Gedanke kommt, kann man ihn einfach ziehen lassen, ohne darauf zu reagieren. Ziehen lassen bedeutet also, dass man den Gedanken wahrnimmt, ohne ihn zu bewerten oder zu analysieren, und sich dann wieder auf das konzentriert, was man gerade tut.

Wie in der klassischen Meditation fängt man zunächst mit einer kleinen Übungseinheit an. Es reicht also, sich zunächst eine sehr kurze tägliche Aufgabe auszusuchen. Eine Aufgabe, die wir mehrmals täglich üben können, ist das Händewaschen. Mit jedem Mal, wo wir diese Übung ausführen, wächst in unserem Gehirn der Muskel für unsere Konzentrationsfähigkeit. Mit jedem Mal wird er stärker und es wird dir immer leichter fallen, sich auf das Händewaschen zu konzentrieren. Zu Beginn ist es gefühlt eine Millisekunde, bis wir uns gelangweilt fühlen oder der erste Gedanke kommt. Aber mit der Zeit schafft man eine Sekunde und es wird mit jedem Tag länger.

Das wundervolle an dieser Übung ist nicht nur der meditative Aspekt, sondern auch dass man eine Freude an der Ausübung der Tätigkeit entwickelt. Händewaschen wird quasi zu einem kleinen Erlebnis. Das bewusste Erleben bringt uns ins Hier und Jetzt. Das löst eine Freude aus, die nur schwer in Worte zu fassen ist, und verschafft uns so neben einer kleinen Pause in unserem täglichen Gedankenkarussell auch ein Gefühl von Glück und Zufriedenheit. Damit man die Ablenkungen des Gehirns auf ein Minimum reduziert, ist es für die Ausführung dieser informellen Übungen zunächst am besten, sie in absoluter Stille auszuführen, also ohne Radio, TV, Handy oder sonstige Ablenkungen im Hintergrund. So lässt sich am besten das Wasser wahrnehmen oder das Geräusch, während man seine Hände einseift. Vor allem aber wird so verhindert, dass unser Gehirn durch andere Reize abgelenkt wird.

Weitere wichtige Übungen in der informellen Praxis sind z. B. das Tagebuchschreiben, das bewusste Essen oder das achtsame Zuhören, auf die ich später noch ausführlich eingehen werde.

Insbesondere die informellen Übungen werden leider viel zu oft vernachlässigt, dabei haben sie einen sehr großen Einfluss auf die positiven Effekte der Achtsamkeit. Da die informelle Achtsamkeitspraxis im Grunde keine zusätzliche Zeit beansprucht, lässt sie sich wesentlich einfacher in den Alltag integrieren. Alles, was man braucht, ist ein Umschalten von der gewohnheitsmäßigen blinden Ausführung der Tätigkeiten zu einer wachen Präsenz.

1.3.3 Häufigkeit der Übungen

> „So wie das Eisen außer Gebrauch rostet
> und das still stehende Wasser verdirbt
> oder bei Kälte gefriert, so verkommt
> der Geist ohne Übung." –
> LEONARDO DA VINCI

In der Achtsamkeit gibt es nicht wie im Sport oder auf der Arbeit ein wirkliches Ergebnis, dass wir erreichen können. Es ist nicht wichtig, wie wir „performen". Ohne technische Hilfsmittel können wir nicht wirklich messen, wie tief oder wie gut wir tatsächlich meditieren. Es gibt zwar bereits Geräte für zu Hause, die unsere Gehirnaktivität während der Meditation messen, aber die wenigen von uns verkabeln sich gern, wenn sie meditieren oder Achtsamkeit üben. Das einzig Wesentliche für das Erlernen von Achtsamkeit ist nur eins: die Regelmäßigkeit. Viele denken, sie müssen 30min oder länger am Tag meditieren und fangen daher oft erst gar nicht an. Mittlerweile belegt jedoch eine Vielzahl von Studien, dass die Effekte der Achtsamkeit bereits nach einer kurzen Übungszeit- und Phase von 2min eintreten. Wenn man Achtsamkeit als einen Muskel betrachtet, dann hilft auch hier nur üben, üben, üben, damit die Muskeln nicht einschlafen und degenerieren. Regelmäßigkeit ist daher sehr wichtig, da ein Muskel verkümmert, wenn man ihn nicht permanent trainiert. Aus meiner eigenen Praxis kann ich sagen, dass man die besten Effekte erzielt, wenn man nicht nur täglich, sondern am besten morgens und abends meditiert. Das hört sich zunächst nach sehr viel an, aber nach einer gewissen Eingewöhnungszeit ist es wie Zähneputzen.

2 Wunderwaffe Achtsamkeit: Mythen, Sagen und Legenden

> *„Erfahrungen sind Maßarbeit.*
> *Sie passen nur dem, der sie macht." -*
> CARLO LEVI

Achtsamkeit ist eine uralte Tradition, die seit einigen Jahren auch in der westlichen Welt immer beliebter wird. Vielfach wird Achtsamkeit daher schon als Zukunftstrend deklariert und, wie bei allem, was über Jahre besteht oder was als modern und hipp gilt, ranken sich irgendwann Mythen, Sagen und Legenden. Es werden Kritiker laut und es wird sich gern mit diesem Wort geschmückt, nur um dazu zu gehören oder auch ein Stück von diesem Kuchen abzubekommen. Viele winken immer noch dankend ab und sagen: „Bitte, nicht noch eine Aufgabe, die ich in meinen ohnehin schon viel zu vollen Alltag integrieren soll." In der Businesswelt wird oft noch geschmunzelt, wenn man Achtsamkeit erwähnt. Und manch einer denkt: Ein bisschen Achtsamkeitstraining und alle Probleme sind gelöst. Auf den nächsten Seiten möchte ich daher mit genau diesen Vorurteilen und Glaubenssätzen aufräumen.

2.1 Mythos „Spiritualität": Achtsamkeit ist nur etwas für Hippies, Aussteiger oder Träumer

> *„Unkraut nennt man*
> *die Pflanzen, deren Vorzüge noch*
> *nicht erkannt worden sind." -*
> RALPH WALDO EMERSON

Ich kann mich noch sehr gut an den Tag erinnern, als ich das erste Mal auf der Arbeit erzählt hatte, dass ich meditiere. Ich befand mich in einer großen Vorstandssitzung mit Bereichs- und Abteilungsleitern und, während normalerweise in den Pausen über Fußball gesprochen wird, habe ich das Thema Meditation in die Runde geworfen. Ich konnte in den Augen aller Beteiligten sehen, dass sie es zwar dulden, aber innerlich irgendwie belächeln. Dies liegt vor allem daran, dass wir Menschen gern in Schubladen denken. Und vor einigen Jahren hatte Achtsamkeit vor allem den Stempel: Esoterik, Hippie oder Aussteiger.

Zum Glück konnte der technische Fortschritt auch dazu beitragen, dass unzählige Forschungsrichtungen wie Neurowissenschaft, Psychologie oder Medizin mittlerweile beweisen konnten, dass Achtsamkeit nicht nur Spiritualität ist und dass sich fernöstliche Traditionen und Wissenschaft in ihren Erkenntnissen mehr, als man vermuten mag, ähneln. Achtsamkeit ist in erster Linie ein Training für unser Gehirn, für unsere Sinne und unser Bewusstsein. Dieses Training macht uns leistungsfähiger, klarer und reflektierter. Achtsamkeit hilft uns, in dieser komplexen, rauen und lauten Welt besser zu funktionieren. Sie hilft unserem Gehirn, sich an die Bedingungen der heutigen Zeit anzupassen.

In der Wirtschaft ist Achtsamkeit daher schon lange kein Hokus Pokus mehr und wird vielfach in der Führungskräfteentwicklung oder zur Vorbeugung von Stress eingesetzt. Aber Achtsamkeit ist auch Spiritualität, keine Frage. Jemand wie ich, der wirklich sein ganzes Leben alles Religiöse und Spirituelle von sich ferngehalten und nur an das geglaubt hat, was die Wissenschaft beweisen konnte, kann es bestätigen: Achtsamkeit weckt auch unseren Sinn für das Spirituelle. Man verspürt eine Verbundenheit mit allem Leben auf dieser Erde. Das Sein in uns verbindet sich mit dem Universum. Man beginnt sich zu öffnen für diese Dinge und bekommt fast wie von selbst einen anderen Zugang zu all diesen Themen. Das heißt nicht, dass man an alles glaubt, aber Achtsamkeit weitet unser Bewusstsein in der Form, dass wir auch diese Ebene in uns spüren.

2.2 Mythos „Zeit": Warum die Aktie Achtsamkeit als Dividende sogar mehr Zeit ausschüttet

> „Manche Zeit wird uns entrissen,
> manche unvermerkt entzogen,
> manche fließt fort. Doch am schimpflichsten
> ist der Verlust, der aus
> Unachtsamkeit geschieht." –
> LUCIUS ANNAEUS SENECA

Der erste Gedanke der vielen bei Achtsamkeit oder Meditation in den Kopf schießt ist oft: „Ich habe so schon keine Zeit, wie soll ich da noch ein regelmäßiges Achtsamkeitstraining in meinen Alltag integrieren?" Heutzutage gibt es kaum noch jemanden, der das Gefühl nicht kennt, zu wenig Zeit zu haben. Beruf, Familie, Freunde, Hobbys, Sport – in Summe fehlt für alles Zeit und oft einfach auch die Energie. Wo soll man bei all dem Stress noch Zeit für Achtsamkeit finden und regelmäßig üben? Also, fällt als Erstes die Meditation aus. Nur sparen wir da, wie so oft im Leben, am falschen Ende. Denn die Zeit, die wir in Achtsamkeit investieren, bekommen wir in allen Bereichen unseres Lebens mit mehr Zeit zurückgezahlt.

Es gibt viele Beispiele, um diesen Zeiteffekt zu beschreiben. Und jeder nimmt es für sich nochmal leicht anders wahr, aber in Summe macht Achtsamkeit unser Leben bewusster – und genau das verschafft uns Zeit.

So entstehen die meisten Probleme ausschließlich in unserem Kopf. Produkte unseres 24*7 produzierenden Denkapparates. Endlose Gedankenschleifen, die aus einer Mücke einen Elefanten machen und die vor allem eins klauen: Zeit. Wertvolle Zeit, Energie und Kraft, die wir für andere Dinge in unserem Leben nutzen könnten, die uns ablenken, verunsichern oder aus der Bahn werfen.

Achtsamkeit lässt uns verstehen, dass wir nicht unsere Gedanken sind und dass wir nicht alles glauben müssen, was uns in den Kopf kommt oder was wir gerade fühlen. Durch Achtsamkeit lernt man, seine Gedanken, Emotionen und Gefühle zu beobachten und zu regulieren. Man reagiert nicht mehr wie ferngesteuert auf alles, was in den Kopf schießt, sondern betrachtet sich wie aus einer Vogelperspektive von oben.

In der Achtsamkeit bezeichnet man dies als den inneren Beobachter. Man nimmt Gedanken und Gefühle in dem Moment wahr, wo sie entstehen, beobachtet sie und, wenn es nicht die gleiche Leier ist wie seit 10 Jahren, Negatives, Sinnloses oder Dinge, die wir nicht wirklich beeinflussen können, dann lässt man diese Gedanken einfach weiterziehen, ohne sich daran festzubeißen oder darauf zu reagieren. Diese wertfreie Wahrnehmung, diese Beobachtung unseres Verhaltens aus der Vogelperspektive schafft einen inneren Raum, in dem wir bewusst entscheiden, wie wir reagieren und handeln. Statt automatischen Reaktionsweisen verfallen zu sein, treffen wir bewusste Entscheidungen. Und genau das verschafft uns Zeit. Viele Zeitfresser entstehen so erst gar nicht. Vielen Einbahnstraßen, Umleitungen und Baustellen gehen wir so aus dem Weg.

Ein weiteres Beispiel für die Dividende Zeit ist die erhöhte Konzentrationsfähigkeit, auf die ausführlich im Kapitel „Fokus" eingegangen wird. So bedeutet Achtsamkeit, den gegenwärtigen Moment bewusst wahrzunehmen, sich mit allen Sinnen auf das zu fokussieren, was man in dem Moment gerade tut. Dadurch gewinnt die Aufgabe an Qualität. Wir machen weniger Fehler und schaffen die gleiche Aufgabe in einer kürzeren Zeit. Neben mehr Zeit gewinnen wir so ganz nebenbei auch noch mehr Spaß an dem, was wir tun.

2.3 Mythos „Wunderpille": Warum ohne den richtigen Kraftstoff und ausreichend Öl auch das beste Tuning nicht funktioniert

> „Unser Körper ist ein Garten und
> unser Wille der Gärtner." –
> WILLIAM SHAKESPEARE

Achtsamkeit ist mittlerweile für kaum jemanden mehr eine Unbekannte. Überall hört und liest man von den Heilkräften der Achtsamkeit. Doch gerade in Unternehmen herrscht der Irrglaube, dass ein bisschen Meditation den Stress schon geregelt bekommt. Leider ist das viel zu kurz gedacht. Achtsamkeit ist ein Training für unser Gehirn. Doch wie jede Maschine braucht auch unsere Schaltzentrale den richtigen Kraftstoff. Während wir unser Auto regelmäßig pflegen, leidet unser Gehirn oft unter schlechtem Benzin, zu wenig Öl und viel zu rauen Witterungsbedingungen.

Früher ging man davon aus, dass der Mensch wie eine Verbrennungsmaschine funktioniert: Egal was in den Ofen kommt, es wird zu Energie verarbeitet. Mittlerweile wissen wir jedoch, dass die Qualität unserer Nahrung unsere Gesundheit entscheidend beeinflusst. Unsere heutige Industrienahrung ist teilweise jedoch so drastisch verändert, dass sie für unseren Körper immer weniger verwertbar wird. Ausgelaugte Böden oder lange Transportwege führen weiterhin dazu, dass Nährstoffe nicht mehr in ausreichenden Mengen vorhanden sind. Zusätzlich erhöht Stress den Nährstoffbedarf unseres Gehirns um ein Vielfaches. So kommt es zu einem Ungleichgewicht, was dazu führt, dass unsere Schaltzentrale leidet. Uns fehlt Energie, wir haben Stimmungsschwankungen, Migräne, sind lustlos, vergesslich und im schlimmsten Fall werden wir krank.

Wenn wir dann krank sind, behandeln wir oft nur die Symptome, nehmen irgendwelche Mittelchen und schauen selten auf die Ursachen. Doch was sind die Auslöser dafür, dass unsere Hochleistungsmaschine nicht mehr optimal funktioniert? In der Regel der falsche Kraftstoff-Mix, zu wenig Öl und das nötige Tuning, um in unserer heutigen Welt zurechtzukommen.

Nervenzellen brauchen Fettsäuren zur Energiegewinnung, Proteine, um Botenstoffe zu bilden, und Mineralstoffe zur Weiterleitung von Signalen. Fettsäuren wie Omega 3 und ausreichend Proteine sollten daher unbedingt fester Bestandteil unserer Ernährung sein. B-Vitamine sind essentiell für die Energieherstellung, Eisen eines der wichtigsten Stoffe für eine gute Konzentration- und Lernfähigkeit. Weiterhin sind Vitamin C und D, Magnesium und Selen wichtig für ein gut funktionierendes Gehirn.

Neben einem eigenen Immunsystem verfügt unser Gehirn auch über eine eigene Schadstoffentsorgung, die nachts anspringt, wenn wir schlafen. Während des Schlafs werden Gehirnzellen repariert sowie Giftstoffe und

Abbauprodukte aus dem Gehirn transportiert. Fehlender Schlaf führt im Endeffekt dazu, dass unser Kraftstoff an Qualität verliert, da die Anzahl der Schadstoffe zunimmt.

Der gleiche Effekt tritt ein, wenn wir nicht ausreichend trinken. Wasser dient dem Transport von Nährstoffen, gleichzeitig werden Abfallstoffe abtransportiert. Wenn wir nicht ausreichend trinken, werden wir nicht ausreichend versorgt und Müll macht den Kraftstoff minderwertig. Wenn wir zu wenig trinken, kann das also ebenfalls dazu führen, dass unser Gehirn nicht mehr optimal funktioniert.

Sport ist nicht nur dafür da, unseren Körper in Form zu halten und Muskeln aufzubauen. Sport ist das Öl, damit unsere Hochleistungsmaschine geschmeidig bleibt. Bewegung ist essentiell für ein gut funktionierendes Gehirn. Sport lässt neue Blutgefäße im Gehirn entstehen, so dass mehr Sauerstoff und Nährstoffe zu den Gehirnzellen gelangen können. Dadurch steigern die Nervenzellen ihre Aktivität und stellen mehr Energie her. Weiterhin lässt Sport neue Nervenzellen wachsen, reduziert Stress und Angst, hilft bei der Heilung von Krankheiten und lässt uns besser schlafen. Sport steigert zudem die Produktion von Endorphinen, was zu einer besseren Stimmung und Entspannung führt. Weiterhin funktioniert unser Stoffwechsel nicht optimal, wenn wir uns nicht ausreichend bewegen, was wiederum dazu führt, dass unsere Abfallprodukte nicht mehr ordentlich abgebaut werden können.

Achtsamkeit ist am Ende das Tuning für unsere Schaltzentrale. Achtsamkeit führt zu einer besseren Vernetzung unseres Gehirns. Sie trainiert Areale in unserem Gehirn wie einen Muskel, die uns widerstandsfähiger, schneller und flexibel machen. Doch wie ein Motor funktioniert all dies nur, wenn es ein ganzheitliches Zusammenspiel aller Komponenten ist. Achtsamkeitstraining allein wird also nie die gewünschten Resultate erzielen. Es ist auch wichtig, sich gesund zu ernähren, ausreichend zu schlafen, genügend Flüssigkeit zu sich zu nehmen, regelmäßig an der frischen Luft zu sein und vor allem sich ausreichend zu bewegen.

2.4 Mythos „Nebenwirkungen": Muss man bei Achtsamkeit auch einen Beipackzettel beachten?

> *„Jeder muss selbst mal auf die Herdplatte fassen, um zu sehen, wie heiß sie ist."* –
> DREW BARRYMORE

Dank der unzähligen Studien und Forschungen ist Achtsamkeit mittlerweile fester Bestandteil der Schulmedizin. Ob für Stress, Schmerzen, Suchtprobleme, Schlafstörungen, Stärkung des Immunsystems, körperliche Erkrankungen, Angst oder für Übergewicht – Achtsamkeit wird heutzutage für die unterschiedlichsten Krankheiten verschrieben. Selbst Krankenkassen subventionieren mittlerweile Apps oder Kurse, weil Achtsamkeit zusätzlich hilft, Krankheiten vorzubeugen. Nur hat jede Medizin doch immer irgendwelche Nebenwirkungen und so werden selbstverständlich auch Stimmen laut, die meinen, dass zu viel Achtsamkeit auch schaden kann. Also was steht auf dem Beipackzettel für Achtsamkeit?

Im Grunde hat Achtsamkeit sogar viele Nebenwirkungen. Wenn du aufgrund von jahrelangen Schmerzen Achtsamkeit verordnet bekommst und sich dann nicht nur der Schmerz reduziert, sondern du gelassener mit Stress umgehst, mehr Freude empfindest und einen besseren Zugang zu dir und deiner inneren Stimme bekommst, dann sind das ganz eindeutig Nebenwirkungen. Natürlich sind das positive Nebenwirkungen. Es ist ein ganzes Geflecht an positiven Veränderungen, die uns am Ende zu uns selbst führen. Achtsamkeit ist nicht nur Gehirntraining, sie ist auch ein Weg, eine Reise zum eigenen Ich. Und jede Reise läuft nun mal nicht immer so, wie man es im Vorfeld geplant hat. Man wird immer wieder vor neue Prüfungen gestellt. So ist einfach das Leben. In der ersten Zeit deiner Achtsamkeitsreise entstehen diese Prüfungen oftmals noch in dir selbst. Der Mensch mag keine Veränderungen. Also erfinden Gehirn und Körper einfach Geschichten, um dich wieder zurück in deine alten Muster zu bringen. Doch irgendwann wirst du diese Tricks durchschauen und dich so immer weniger von deinem Weg abbringen lassen.

Aber gibt es auch negative Nebenwirkungen der Achtsamkeit? Tatsächlich steckt die Forschung hier noch in den Kinderschuhen. Aktuell gibt es aber keine Hinweise auf eine schädliche Wirkung. Wie ich es bereits zu Beginn des Buches beschrieben habe, nimmt Achtsamkeit grundsätzlich jeder etwas anders wahr. Und weil der Mensch ein Gewohnheitstier ist, muss man sich an manche Veränderungen auch erst gewöhnen. So führt Achtsamkeit u. a. zu mehr Empathie und Mitgefühl. Wenn man so wie ich eh ein sehr empathischer Mensch ist, dann muss man sich an die neue Extra-Portion wirklich erst gewöhnen. Auch lernt man erst mit einer regelmäßigen Achtsamkeitspraxis, darauf zu vertrauen, dass egal wie die Veränderungen auch aussehen mögen, sie am Ende zu etwas Positivem führen.

Nebenwirkungen der Achtsamkeit können auch dazu führen, dass uns vieles gar nicht mehr wichtig ist, was vorher unser Leben ausgemacht hat. Und klar können diese Veränderungen dazu führen, dass unser Umfeld das irgendwie nicht mehr so positiv findet und wieder die „alte" Person wiederhaben möchte. Oder man selber kommt mit einigen Menschen gar nicht mehr zurecht, weil Gespräche anfangen zu nerven, weil man merkt, wie oberflächlich und leer sie sind. Man wird feinfühliger und merkt, ob ein Mensch wirklich zuhört oder eigentlich nur jemand im Autopilot-Modus vor dir sitzt, der einfach nur seinen eigenen Müll loswerden will. Und dann können sich auch mal Wege trennen, egal ob Beziehungen, Freundschaften oder der Job, der einfach keinen Spaß mehr macht. Das ist im ersten Moment erstmal komisch, gerade wenn es nicht nur einmal vorkommt. In vielen entsteht dann eine Angst, dass man irgendwann allein ist, wenn die Entwicklung so weiter geht. Aber wenn etwas endet, beginnt immer etwas Neues. Durch eine Trennung entsteht eine Leere, die wir mit etwas Neuem füllen können. Der neue Zugang zu uns selbst lässt uns viel besser spüren, was gut für uns ist. Wir lernen uns von belastenden Energien zu lösen, damit wir endlich wieder unser volles Potenzial entfalten können. Wir lernen, uns selbst zu vertrauen, und beginnen zu leben. Nicht in unseren Gedanken, Gefühlen und Emotionen, in Schubladen aus Vergangenheit und Zukunft. Sondern im Hier und Jetzt, in unserem Sein, in unserer vollen Kraft. Also ja, Achtsamkeit hat Nebenwirkungen. Aber du wirst begreifen, dass es genau die Nebenwirkungen sind, die dich zu dir selber führen.

2.5 Mythos „Meditation": Was man bei Meditation alles nicht muss

> „Der aus Büchern erworbene Reichtum fremder Erfahrung heißt Gelehrsamkeit. Eigene Erfahrung ist Weisheit." –
> GOTTHOLD EPHRAIM LESSING

Ich kann mich noch ganz genau an die Zeit erinnern, als ich mit Meditieren angefangen habe. Eigentlich hatte es null mit Entspannung zu tun, es hat mich unter Druck gesetzt, ich hatte Schmerzen, ständig ist mein Bein eingeschlafen, ich wusste nicht, woher ich mir so viel Zeit nehmen sollte, und ich hatte immer das Gefühl, ich kann es einfach nicht. Am Ende war ich so frustriert, dass selbst das Wort „Meditation" bereits ein negatives Gefühl in mir ausgelöst hat.

Es hat über 6 Monate gedauert und ich hatte das Glück, eine ausdauernde Tai-Chi-Lehrerin an meiner Seite zu haben, bis ich meine erste wirkliche Meditationserfahrung gemacht hatte. Mittlerweile weiß ich, es waren die normalen Probleme eines typischen Meditationsanfängers. Genau wie ich gehen viele den zweiten vor dem ersten Schritt und sehen Meditation als Folge viel zu verbissen.

Wenn wir etwas lernen wollen, sind wir es oft gewohnt, uns dieses Wissen über Informationen anzueignen. Wir kaufen uns ein Buch, durchforsten das Internet oder schauen uns ein Video auf YouTube an. Meistens sogar alles auf einmal, so habe ich es zumindest gemacht. Wir versuchen, Meditation über Lesen, Sehen oder Hören zu erlernen. Aber lernen wir schwimmen oder Fahrrad fahren, indem wir ein Buch lesen? Oder weiß ich, wie eine Erdbeere schmeckt, bevor ich eine Erdbeere gegessen habe? Genauso verhält es sich mit der Meditation: Man kann so viel lesen, wie man will, man lernt nur über die eigene, direkte Erfahrung. Beim Meditieren ist es daher das Beste, erst zu üben und Erfahrungen zu sammeln und anschließend sein Wissen zu erweitern.

Dieses zu viel an Wissen und Lernen in der Theorie führt dazu, dass wir es viel zu verbissen sehen, weil wir mit oft falschen Erwartungen an die

Sache herangehen. Wir haben uns eine Vorstellung im Kopf konstruiert, wie Meditation sein sollte und was wir tun müssen, und sind dann völlig frustriert, weil wir es nicht schaffen, diesen Zustand zu erreichen. Es entstehen unrealistische Erwartungen, die einfach nicht zu erfüllen sind. So denken wir z. B. oft, Meditation bedeutet „nicht denken". Aber wir denken immer, auch in der Meditation. In der Meditation lernen wir, die Gedanken einfach ziehen zu lassen. Es ist also völlig normal, wenn die Gedanken auftauchen und wandern. Das passiert auch dem ältesten Meditationsguru.

In der Meditation geht es nicht darum, nicht mehr zu denken, sondern darum, anders mit dem Augenblick und seinen Gedanken umzugehen. Es geht darum, den Moment so anzunehmen, wie er ist, ohne Extras oder Hinzugedachtes, was am Ende nur Drama produziert. Es geht darum, Erwartungen aufzugeben und gehen zu lassen, was auch immer geschieht.

Dass wir zu hohe Ansprüche an uns stellen, ist ein weiterer Grund, warum wir das Ganze so verbissen sehen. So hatte ich damals immer wieder gehört, man muss mindestens 30min meditieren. Neben der Zeit, die ich dafür erstmal finden musste, war es für mich einfach fast unmöglich, die 30min „durchzuhalten". Manchmal hatte ich mich über die Zeit gequält und ich hatte eher schlechte Laune, als etwas Positives zu empfinden. Heute weiß ich, dass nicht unbedingt die Quantität zählt, sondern die Qualität. Bereits 2min Meditieren am Tag hat einen positiven Effekt auf uns. Und genau wie beim Laufen oder Radfahren nimmt unsere Ausdauer mit der Zeit zu. Wir gewöhnen uns an die Belastung, der Muskel wird stärker und es fällt uns viel leichter. Überfordere dich also nicht mit selbstgesteckten, zu hohen Anforderungen. Das erzeugt nur Druck und das Scheitern ist vorprogrammiert. Kleine Schritte langsam steigern. Man hat so eher Erfolgserlebnisse und diese steigern die Motivation, am Ball zu bleiben.

Weiterhin haben mir viele alte Meditationshasen von Erlebnissen während der Meditation erzählt, die damals und heute eher an Science-Fiction erinnern. Es ist durchaus möglich, in solche Zustände zu gelangen. Aber jeder erlebt es anders, in jedem von uns löst es andere innere Zustände aus. Nur weil man nicht in diese Welt vordringt, heißt das nicht, dass man nicht meditieren kann oder noch härter üben muss.

Im Grunde gibt es bei Meditation nur eine wirkliche Anforderung: Du solltest es täglich tun. Und ansonsten gibt es kein Richtig oder Falsch. Jeder erlebt Meditation anders, in jedem führt es zu unterschiedlichen Wahrnehmungen und Empfindungen. Was bei einem Menschen funktioniert, muss nicht bei einem anderen klappen. Dem einen fällt es leicht und dem anderen geht es so wie mir, da dauert es einfach länger. Jeder hat andere Präferenzen, ob nun im Liegen, Stehen oder Sitzen: Man sollte das tun, wobei man sich grundsätzlich am wohlsten fühlt. Es gibt aber ein paar Empfehlungen, wie es gerade am Anfang etwas leichter fällt.

So sollte man immer eine konstante Dauer wählen und diese über einen gewissen Zeitraum beibehalten. Weiterhin sollte man mit kleinen Einheiten beginnen und diese dann ebenfalls kontinuierlich ausbauen. Man meditiert als z. B. für 2 Wochen jeweils 2min. Wenn man dann Lust auf mehr hat, kann man die Zeit wieder langsam für eine gewisse Zeit steigern. Weiterhin sollte man zu Beginn ein paar Techniken ausprobieren und sich dann auch hier für einen gewissen Zeitraum festlegen. Zusätzlich hilft ein fester Platz, wo du dich wohl fühlst, wo du es dir gemütlich machst und der frei von Störungen ist. Am Ende sollte man dem Prozess einfach vertrauen.

2.6 Mythos „Achtsamkeit-Gurus": Das DSDS-Phänomen gibt es auch in der Achtsamkeit

> „Nur weil Achtsamkeit draufsteht,
> ist nicht automatisch Achtsamkeit drin." –
> DR. MELANIE PESCHMANN

Jeder kennt eine dieser vielen Talentshows, wo jemand auf der Bühne steht, völlig überzeugt von seinem Gesangstalent ist und dann beginnt die Person zu singen und man kann nicht anders, als sich die Ohren zuzuhalten. Man fragt sich dann: „Wie kann diese Person so von sich selbst überzeugt und doch völlig talentfrei sein?" Ich nenne es das DSDS-Phänomen.

Und da es eine derartige Fehleinschätzung seines eigenen Könnens natürlich nicht nur in der Musikwelt gibt, tritt dieses Phänomen selbstverständlich auch in der Welt der Achtsamkeit auf.

Im Rahmen unserer eigenen Praxis treffen wir auf zwei Wegen auf dieses Phänomen – entweder bei Menschen, die ebenfalls Achtsamkeit praktizieren, oder im Rahmen von Ausbildungen, Seminaren, Coaches oder Retreats.

Bei Menschen im privaten Umfeld ist Achtsamkeit oft nur eine weitere Form des Egos. Achtsamkeit ist hipp, also sind sie dabei. Meist besteht der Denkfehler, dass 100 Seminare automatisch bedeuteten, dass man den Orden der Achtsamkeit überreicht bekommt. Für das Erlernen von Achtsamkeit braucht man zwar kein Talent, aber es Bedarf auch mehr als regelmäßig zu meditieren, Bücher zu lesen oder Seminare zu besuchen. Achtsamkeit ist der Weg zu dir selbst. Auf dieser Reise zu unserem wahren Ich entwickelt man vor allem eine gesunde Perspektive zu sich selbst und lernt, das Geplapper des Egos nicht mehr allzu ernst zu nehmen. Nur setzt dies ein Grundelement der Achtsamkeitspraxis voraus: Selbstreflektion, auf die ich später noch etwas genauer eingehen werde. Da viele genau hier aufhören, fehlt ihnen aber das zentrale Element, um sich auch tatsächlich weiterzuentwickeln und Achtsamkeit auch wirklich leben zu können.

Dass wir in Seminaren, Ausbildungen oder bei Coaches auf das DSDS-Phänomen treffen, liegt vor allem daran, dass unsere Gesellschaft uns gern einredet, dass Selbstbewusstsein und Stärke mit Erfahrung und Kompetenz gleichzusetzen sind. Je selbstsicher jemand wirkt, je mehr hat er zwangsläufig auf dem Kasten. Das liegt daran, dass wir uns oft auf andere Menschen als Informationsquelle und Bestätiger unserer eigenen Ansichten stützen. Je überzeugender und selbstsicherer Personen auftreten, je bereitwilliger schenken wir diesen Menschen unseren Glauben. Der Inhalt, also das, was eine Person sagt, hat weniger Einfluss auf die Urteilsfindung als die Art und Weise, wie diese Aussage präsentiert wird.

Wir kennen dieses Prinzip aus der Politik. Politiker werden darauf geschult, selbstbewusst über jegliches Thema zu reden, auch wenn sie davon im Grunde nicht wirklich Ahnung haben. Und bei uns führt das dazu, dass wir uns von Worten in unserer Meinung lenken lassen, obwohl sich das Gesagte manchmal sogar jeder Logik entzieht. Eine Teilnehmerin einer Ausbildung formulierte es einmal sehr treffend: Nur weil jemand sich pastoral vor eine Gruppe stellt, bedeutet es noch lange nicht, dass man es schafft, Achtsamkeit auch adäquat zu vermitteln.

Wir lassen uns also gern mal von der Selbstsicherheit anderer blenden. Oftmals ist diese Selbstsicherheit jedoch antrainiert und nicht mehr als reine Selbstüberschätzung. Manche Menschen besitzen nicht die Fähigkeit, ihre eigenen Grenzen und die Fähigkeiten anderer zu erkennen und sehen sich so selbst in einem Licht, was selten der Realität entspricht. Ursache hierfür ist unser zu egozentrischen Verzerrungen neigendes Gehirn, das so gern seine eigenen Unsicherheiten überspielen möchte.

Ein Lehrer, Trainer oder Coach ist in der Achtsamkeitspraxis ein wesentlicher Bestandteil dafür, den eigenen Entwicklungsprozess zu beschleunigen. Es ist also wichtig, die für sich passende Person zu finden, sich hierfür ausreichend Zeit zu nehmen und nicht bei der ersten negativen Erfahrung gleich den Kopf in den Sand zu stecken. Dabei empfiehlt es sich, sich nicht von Preisen, Werbeaussagen oder tollen Webauftritten leiten zu lassen, sondern vor allem auf seine Intuition zu vertrauen. Da Achtsamkeit mittlerweile zu einem Modewort fungiert, bieten immer mehr Unternehmen Kurse zum Thema Achtsamkeit an. Leider finden sich jedoch selten in der Vita ausreichende Hinweise auf eine eigene langjährige Achtsamkeitspraxis. Doch niemand kann Achtsamkeit wirklich gut vermitteln, wenn er nicht selbst über viele Jahre trainiert. Ich rate daher immer, sich jemanden zu suchen, der selbst bereits seit Jahren Achtsamkeit praktiziert.

Im beruflichen Kontext werden oft Achtsamkeitskurse von Personen angeboten, die noch keine wirkliche Business-Luft in Unternehmen geschnuppert oder selbst als Führungskraft gearbeitet haben. Auch hier ist es eher von Vorteil, wenn die vermittelnde Person selbst Erfahrungen in Unternehmen sammeln konnte, da so typische Stolpersteine der eigenen Praxis, die gerade im Beruf auftreten, besser verstanden und vermittelt werden können.

Fakt ist: Achtsamkeit ist keine Wunderpille, die aus jedem nach einer gewissen Trainingszeit einen besseren Menschen macht. Ich selbst bin diesem Irrtum oft auf den Leim gegangen, weil ich zu Beginn jeden, der sich mit Achtsamkeit beschäftigt, gleich in die Schublade „guter Mensch" gesteckt hatte. Achtsamkeit verändert unser Gehirn und auch unsere Persönlichkeit, aber das ist leider kein Garant dafür, dass Menschen, die jahrelang Achtsamkeit praktizieren, sich auch immer menschlich auf hohem Niveau verhalten.

3 Wie wir mit Achtsamkeit Schlüsselkompetenzen für die Arbeitswelt der Zukunft aktivieren

> *„Sei du selbst die Veränderung, die du dir wünschst für diese Welt." –*
> MAHATMA GANDHI

Wir befinden uns in einer Zeit des Wandels, der gerade unsere Arbeitswelt vor völlig neue Herausforderungen stellt. Veränderungen prallen in einer enormen Geschwindigkeit auf uns ein, so dass eine schnelle Anpassungsfähigkeit, ein Gespür für den Markt und ein hohes Level an Energie ausschlaggebend dafür sind, ob ein Unternehmen diesen Prozess mitgestaltet oder in der Masse untergeht. Gefragt sind Persönlichkeiten, die emphatisch, kreativ und fokussiert in diesem Wandel Chancen für sich und das Unternehmen erkennen und es schaffen, ihr Unternehmen in einen sicheren Hafen zu manövrieren. Gleichzeitig müssen wir Lösungen finden, um den seit Jahren stetig zunehmenden Auswirkungen von Stress, Überforderung, Burnout oder fehlender Sinnhaftigkeit entgegenzuwirken. Um den Veränderungen der heutigen Zeit adäquat begegnen zu können, sind neue Fähigkeiten und ein Wandel im Denken somit unabdingbar.

Achtsamkeit gilt mittlerweile als Schlüsselkompetenz für berufliche Leistungsfähigkeit, die uns hilft, erfolgreich im digitalen Zeitalter bestehen zu können. Mittels Achtsamkeit lassen sich gezielt Hirnareale trainieren, die unsere Konzentrationsfähigkeit, Resilienz, Agilität oder Kreativität steigern. Fertigkeiten, die in unserer sich immer schneller drehenden Welt immer wichtiger werden und die ein erfolgreiches Mittel gegen die beschriebenen negativen Auswirkungen des digitalen Zeitalters darstellen.

Inhalt des folgenden Kapitels sind die Schlüsselfertigkeiten der Arbeitswelt der Zukunft, die sich mit Achtsamkeit gezielt trainieren lassen. Die jeweiligen Kompetenzen bauen sukzessive aufeinander auf. So ist Selbstreflexion die Basis für alle folgenden Schlüsselkompetenzen. Fokus öffnet einen Raum, der den Zugang zu Intuition oder Empathie ermöglicht, während Agilität eine Summe aller beschriebenen Fertigkeiten ist.

Die Beschreibung der Schlüsselfähigkeiten wird durch entsprechende Meditations- und Achtsamkeitsübungen sowie Tipps ergänzt, mit deren Hilfe sich die beschriebenen Fähigkeiten weiter ausbauen und vertiefen lassen. Auch hier empfiehlt es sich, chronologisch vorzugehen und zunächst die Übungen zur Selbstreflexion, Fokus etc. zu verinnerlichen und dann nach und nach weitere Übungen in seinen (Arbeits-)Alltag einfließen zu lassen.

Neben den aufgeführten Übungen haben auch unsere Gedanken einen unmittelbaren Einfluss auf uns und damit den Erfolg des Projektes Achtsamkeit. Jeder einzelne unserer Gedanken verursacht eine biochemische Reaktion in unserem Gehirn. Unsere Schaltzentrale setzt dann chemische Signale wie Dopamin oder Serotonin frei, die an den Körper übermittelt werden. Dieser chemische Stoff gehört zu einem ganz bestimmten Körpergefühl. Man nennt diese Stoffe Neurotransmitter und sie sorgen dafür, dass unser Körper das fühlt, was wir gerade gedacht haben.

Der Körper reagiert mit einem Gefühl und unser Gehirn reagiert als Antwort wieder mit einem Gedanken, der dem Gefühl entspricht. Das heißt, wir denken dann genauso, wie wir fühlen. Das alles passiert in einem unendlichen Kreislauf.

Wir werden neurologisch gesehen zu dem, woran wir wiederholt denken und worauf wir unsere Aufmerksamkeit lenken. Wir können die Architektur unseres Verstandes durch das prägen, worauf wir immer wieder unsere Aufmerksamkeit richten. Somit spielen auch unsere Gedanken im gesamten Prozess eine entscheidende Bedeutung, die wir nie aus den Augen verlieren sollten.

3.1 Selbstreflexion

> „Du kennst die Menschen um dich herum,
> aber kennst du dich auch selbst?" –
> PREM RAWAT

Wenn man sein Gehirn neu verdrahten will, dann ist es wichtig, alte Gewohnheiten und Muster, die wir über Jahre fest verankert haben, zu erkennen, aufzulösen und zu dem zurückzukehren, was unser wahres Sein wirklich ausmacht. Achtsamkeit in sein Leben zu integrieren, bedeutet daher auch, sich auf die Reise zum eigenen Ich zu begeben. Wenn wir einen Koffer für diese Reise packen und nur die Dinge mitnehmen, die wir für diese Reise unbedingt brauchen, dann ist es Selbstreflexion. Ohne dass wir uns regelmäßig selbst reflektieren und hinterfragen, werden wir bei allen folgenden Schlüsselkompetenzen nicht unser volles Potenzial entfalten können. Selbstreflexion ist die Basis einer guten Achtsamkeitspraxis und die Voraussetzung dafür, dass wir neue Schlüsselkompetenzen- und Fertigkeiten nachhaltig etablieren können. Indem wir uns mit uns selbst, unserem alten, gewohnten Ich, das im Betriebssystem des Unterbewusstseins verankert ist, beschäftigen, beginnen wir uns selbst auf die Schliche zu kommen und langsam zu verändern.

Selbstreflexion bedeutet, über sich selbst nachzudenken, seine Gedanken, Gefühle und Verhaltensweisen zu analysieren und sich immer und immer wieder bewusst selbst zu hinterfragen – mit dem Ziel, mehr über sich herauszufinden. Dies können wir im Team, mit Kollegen, mit Freunden oder der Familie praktizieren. Es ist jedoch sehr wichtig, dass wir uns auch Zeit für uns allein einräumen. Indem wir uns zurückziehen und äußere Reize ausgrenzen, können wir uns ausschließlich auf die Wahrnehmung unserer Gedanken und Gefühle konzentrieren. Diese Form der Beobachtung unterbricht den Autopiloten in uns, so dass wir uns auch wirklich im Hier und Jetzt mit uns selbst auseinandersetzen. Doch genau vor dem Alleinsein haben viele Angst. Kaum etwas macht mehr Angst, als mit sich allein zu sein. Alleinsein bedeutet, dass wir uns mit uns selbst beschäftigen müssen und so ist die Angst vor dem Alleinsein in Wirklichkeit nur die Angst vor uns selbst. Wenn man es genau nimmt, lehnen wir uns so unbewusst selbst ab, so wie einen Freund oder eine Person, die wir meiden, weil wir keine Zeit mit ihr verbringen wollen. Doch Alleinsein ist eine Notwendigkeit. Nur so können wir eine liebevolle Verbindung zu uns selbst aufbauen. Nur wenn wir uns selbst als besten Freund akzeptieren, kann uns auch die Außenwelt so nehmen, wie wir sind. Wenn wir uns also Zeit zum Reflektieren nehmen, dann sollte wir in dieser Zeit bewusst allein sein.

Bei der Selbstreflexion geht es vor allem darum, die richtigen Antworten zu finden, also ist es wichtig, die richtigen Fragen zu stellen. Hier eigenen sich alle W-Fragen, die wir uns zu Themen aus unserem Berufsalltag, unserer Vergangenheit oder unserem eigenen Ich stellen. Wenn wir eine Antwort auf die Frage haben, sollten wir wieder mit einer weiteren Frage kontern – und das solange, bis wir zum Ursprung oder Kern vorgedrungen sind.

Methoden zur Selbstreflexion

Spaziergang:

Eine gute Methode, um über sich selbst und die Geschehnisse auf der Arbeit oder im Privatleben zu reflektieren, ist ein kurzer Spaziergang in der Mittagspause, nach Feierabend oder am Wochenende. Wichtig ist, dass man den Spaziergang allein macht und am besten sein Telefon nicht mitnimmt bzw. auf lautlos stellt, so dass der Prozess nicht unterbrochen wird. Ein Spaziergang in der Natur fördert den Effekt der Reflexion. Die Natur ist Balsam für unsere Seele. Wenn wir mit nackten Füßen durch das Gras gehen, die Natur riechen oder einen Baum spüren, werden wir automatisch achtsam und nehmen so eine bessere Verbindung zu uns selbst auf. Natur erleben wir nur im Hier und Jetzt. In der Natur lernen wir, wieder zu spüren, dass wir Teil eines großen Ganzen sind. Sie weitet unsere Wahrnehmung und hilft uns dabei, die eigene Präsenz in der Gegenwart zu spüren.

Das innere Team:

Die Übung des inneren Teams hilft dir, deinen eigenen Standpunkt zu klären und diesen klar und authentisch nach außen zu kommunizieren. Sie hilft dir, ein Problem aus verschiedenen Blickwinkeln zu durchleuchten und so z. B. voreilige Entscheidungen aus dem Autopiloten heraus zu vermeiden. Stell dir hierfür vor, dass deine inneren Stimmen ein Team sind. Die Stimmen sitzen in einem Meeting und tauschen sich zu einem bestimmten Thema aus. Du selbst leitest die Diskussion an und lässt dann den Stimmen freien Lauf. Deine Gedanken solltest du zwischendurch wie in einem Protokoll immer wieder zusammenfassen, um sie zu strukturieren. Welche Stimmen üben den stärksten Einfluss auf dich aus, wo verspürst du Unwohlsein oder was macht dich stolz?

Tagebuch:
Eine der besten Methoden für die Selbstreflexion ist das Schreiben eines Tagebuches. Ich empfehle jeden, der sich mit Achtsamkeit beschäftigt und seine Schlüsselkompetenzen aktivieren will, regelmäßig Tagebuch zu führen. Ich war dieser Übung gegenüber zu Beginn sehr skeptisch eingestellt. Ich tat es eher widerwillig und manchmal sind Wochen bis zum nächsten Eintrag vergangen. Aber irgendwann hatte ich es einmal konsequent 2 Wochen durchgezogen und gemerkt, wie es mich voranbringt und sich sogar positiv auf meinen Schlaf ausgewirkt hat. Mittlerweile ist es wie Zähneputzen und ich denke, seit Jahren vergeht nicht ein Tag, wo ich nicht versucht habe, meine Entwicklung und meine Gedanken im Tagebuch zu reflektieren oder festzuhalten.

Das tägliche Schreiben eines Tagebuches hilft, sich besser kennenzulernen, seine Gedanken und Gefühle besser zu verstehen, und manches wird sich beim Schreiben fast automatisch klären oder ordnen. Das Tagebuchschreiben kann dabei als Achtsamkeit gegenüber unseren eigenen Gedanken und Gefühlen verstanden werden. Zahlreiche Studien u. a. aus der positiven Psychologie und der Hirnforschung belegen, dass nur zwei bis vier Minuten tägliches Schreiben das psychische Wohlbefinden enorm steigern können. Sinn und Zweck des Tagebuches ist es, die eigenen Erlebnisse, Aktivitäten, Ziele, Stimmungen und Erfolge festzuhalten. Es gibt dir Kraft und ist dein Medium zur Selbstvergewisserung. Mit dem Aufschreiben deiner wichtigsten Informationen zu deinem Tag kannst du die teilweise unsicheren Gedanken, Gefühle und Zweifel niederschreiben. Diese transformieren sich meist in sichere Gedanken und später auch in sichere Verhaltensweisen.

Tipps für Tagebuchanfänger

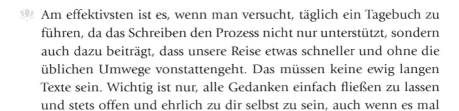

- Am effektivsten ist es, wenn man versucht, täglich ein Tagebuch zu führen, da das Schreiben den Prozess nicht nur unterstützt, sondern auch dazu beiträgt, dass unsere Reise etwas schneller und ohne die üblichen Umwege vonstattengeht. Das müssen keine ewig langen Texte sein. Wichtig ist nur, alle Gedanken einfach fließen zu lassen und stets offen und ehrlich zu dir selbst zu sein, auch wenn es mal unbequem wird.

- Tagebuchschreiben sollte Spaß machen. Kauf dir daher ein schönes Buch und einen Stift, der super in der Hand liegt. Sicherlich kannst du dir auch eine App besorgen, in der du regelmäßig schreibst. Unser Gehirn arbeitet allerdings effektiver, wenn wir tatsächlich schreiben.

- Mach es dir so bequem wie möglich und räume dir bewusst Zeit dafür ein. Wenn es zur Arbeit wird, dann macht es keinen Spaß und du wirst irgendwann die Lust verlieren.

- Es ist egal, wie deine Schrift aussieht oder ob du malst, durchstreichst, das Buch mit Kaffee bekleckerst oder was auch immer: Es gibt keine Regeln. Niemand sieht, was du schreibst, und ein wenig Chaos fördert in diesem Fall sogar unsere Kreativität.

- Wer Schwierigkeiten hat, seinen Gedanken und Gefühlen freien Lauf zu lassen und Angst hat, vor einem leeren Blatt Papier zu sitzen, für den ist ein Achtsamkeits-Journal eine gelungene Alternative. Journaling ist mittlerweile ein großer Trend, der dich dazu anregt, Tag für Tag jeweils morgens und abends für ein paar Minuten in dich zu gehen und sich auf etwas Positives zu fokussieren. Dies hilft, den Tag mit positiven Gedanken zu beginnen und abends mit einem Gefühl der Dankbarkeit abzuschließen.

Bevor du das Projekt Achtsamkeit startest, ist es wichtig, mit Selbstreflexion eine Art Bestandsaufnahme vorzunehmen. Sie hilft uns, unseren inneren Programmen, Überzeugungen und Mustern bewusst zu werden und unsere Intention für diese Reise herauszufinden. Beides sollten wir im Verlauf unserer Reise immer wieder mit unseren neuen Erkenntnissen abgleichen und so kommen wir uns Schritt für Schritt ein Stückchen näher. Du wirst merken, dass sich die Antworten auf deiner Reise verändern und du immer tiefer zu dir selbst vorgedrungen bist. Während dir die Übung beim ersten Mal sicherlich noch sehr schwerfallen wird, wird es mit der Zeit immer leichter, auf die Fragen, die du dir stellst, zu antworten. Du bekommst einen tieferen Zugang zu dir selbst und auch die Selbstreflexion ist ein Prozess, den man mit der Zeit immer mehr verinnerlicht. Im Grunde ist alles eine Übung und auch das Reflektieren wird immer einfacher, desto häufiger du es machst. Wichtig ist auch hier, die Fragen so offen und ehrlich wie möglich zu beantworten.

Übung „Bestandsaufnahme"

Die folgenden Fragen kannst du allgemein beantworten oder auf deine Arbeit beziehen. Am Ende sind ein paar Fragen ausschließlich für Führungskräfte aufgeführt. Wenn du die Fragen beantwortet hast, dann lege sie zunächst erst einmal weg. Schaue dir die Fragen nach zwei Wochen wieder an und reflektiere deine Antworten. Anschließend solltest du sie in regelmäßigen Abständen immer wieder anschauen, hinterfragen und mit dem aktuellen Stand abgleichen. Wirklich spannend ist es, wenn man sich die Antworten nach ein paar Jahren nochmal anschaut. Bewahre dir die Antworten daher sehr gut auf: Du wirst überrascht sein!

- Was sind jeweils deine 3 größten Stärken und Schwächen?
- Welche 3 Dinge magst du an dir am meisten und am wenigsten?
- Welche Charaktereigenschaften bewunderst du bei anderen und denkst von dir selbst, dass du sie selbst nicht besitzt?
- Welche 5 Werte sind dir in deinem Leben am wichtigsten?
- Lebst du deine Werte und was tust du, um deinen Werten gerecht zu werden?
- Was ist der Unterschied zwischen deinem „öffentlichen Ich" und deinem „privaten Ich"?

- Fällt es dir schwer, bei anderen Personen du selbst zu sein? Und, wenn ja, warum?
- Was möchtest du, was andere über dich denken und warum?
- Lebst oder arbeitest du in einem Umfeld, dass es dir erlaubt, du selbst zu sein?
- Was sind die drei Dinge in deinem Leben, auf die du am meisten stolz bist?
- Was möchtest du im Leben erreicht haben, wenn du alt bist?
- Welche 3 Dinge möchtest du an dir ändern?
- Welchen 3 Fähigkeiten oder Eigenschaften möchtest du für dich selbst entwickeln, wo möchtest du wachsen?
- Was bedeutet Glück für dich und was macht dich glücklich?
- Nenne 5 Dinge, die du am liebsten tust?
- Ich fühle mich wohl, wenn …
- Ich bin gestresst, wenn …
- Ich kämpfe ich mit mir selbst, wenn …
- Ich habe Angst davor, …
- Wenn mein Körper reden könnte, würde er sagen …
- Eine der wichtigsten Dinge, die ich gelernt habe, war …
- Was sind drei Dinge, die du glaubst, zu benötigen, um eine gute Führungskraft zu sein?
- Was glaubst du, was deine Mitarbeiter über dich denken? Und was möchtest du, was sie über dich denken?
- Für welche Prinzipien und Werte stehst du als Führungskraft?
- Wie willst du die Arbeit deiner Mitarbeiter beeinflussen?
- Was möchtest du tun, um das Potenzial deiner Mitarbeiter optimal zu fördern?

Selbstreflexion hilft uns nicht nur dabei, uns unserer eigenen Programme bewusst zu werden. Sie ist auch ein wesentliches Element, um ein uraltes Prinzip in uns neu zu konditionieren: unseren Hang zur Negativität.

Wir Menschen lieben zwar das Positive, doch unser Gehirn ist auf Negativität konditioniert. Unsere Schaltzentrale neigt dazu, dass wir uns eher auf negative Situationen, Kommentare oder Ereignisse konzentrieren, stärker darauf reagieren und diese wesentlich schlechter vergessen. In der Steinzeit war diese Programmierung lebenswichtig, da hinter jeder Ecke ein Säbelzahntiger lauern konnte und es für unser Überleben wichtig war, selbst beim kleinsten Rascheln der Blätter vom Negativen auszugehen. In unserer heutigen Zeit führt dieses Prinzip jedoch dazu, dass wir uns die positiven Dinge in unserem Leben nur selten bewusst machen.

Wenn wir drüber nachdenken, wofür wir in unserem Leben dankbar sind, dann führt dies dazu, dass unser Gehirn die Neurotransmitter Serotonin oder Dopamin ausschüttet, die unser Wohlbefinden steigern. Dabei geht es nicht darum, dass wir Geschichten erfinden, um unser Gehirn glauben zu lassen, dass wir glücklich sind. Es sind oft die ganz kleinen Dinge, die das Gefühl von Dankbarkeit erzeugen. Und wenn es nur eine Mahlzeit oder ein warmes, kuscheliges Bett ist, in dem wir liegen.

Dankbarkeit lässt uns realisieren, dass wir bereits vieles in unserem Leben haben, was uns glücklich macht. Sich der positiven Dinge in unserem Leben bewusst zu werden, ändert unseren Blickwinkel von einem Mangelbewusstsein hin zum Bewusstsein von Fülle. Innere Fülle geht immer mit positivem Denken einher. Fülle stärkt uns und hilft uns, in harten Zeiten standhaft zu bleiben. Wenn wir hingegen in einem Mangelbewusstsein leben, dann ist unsere primäre Motivation Angst: Wir denken negativ und sind immer auf das fixiert, was wir nicht haben oder was alles nicht funktioniert oder funktionieren kann. Es sorgt dafür, dass wir uns an das klammern, was wir haben, weil wir nur darauf achten, was wir nicht haben.

Wenn du Dankbarkeit in dein Betriebssystem einbauen willst, dann schreibst du einfach jeden Tag 2-3 Dinge auf, wofür du dankbar bist. Dafür benötigst du nur wenige Minuten, so dass sich dieses Ritual sehr einfach in den Alltag integrieren lässt. Ich integriere es abends in meine Reflexionszeit und beende so den Tag mit einem positivem Gefühl. Ob du dir morgens direkt nach dem Aufstehen oder abends vor dem Schlafengehen Zeit nimmst, ist dir selbst überlassen. Wichtig ist auch hier nur wieder die Regelmäßigkeit, da wir nur so unser negativ geprägtes Gehirn neu programmieren können. Denke also immer daran, dass es nicht darum geht, wie du es tust, sondern dass du es tust.

Tipps für mehr Dankbarkeit

- Da das, was wir am Morgen tun, auch die Stimmung für unseren Tag bestimmt, kann Dankbarkeit am Morgen unseren Tag positiv beeinflussen. Wenn du die Übung abends machst, dann verbessert sie deinen Schlaf. Finde die für dich perfekte Zeit und versuche, diese 2-3 Minuten fest in dein Leben zu verankern.
- Wenn du auf der Arbeit in einer Negativspirale steckst, empfiehlt es sich, dir 5min vor Feierabend bewusst zu machen, für welche Dinge du an diesem Arbeitstag dankbar warst. Was ist für dich an diesem Arbeitstag gut gelaufen? Was hat dich gefreut, berührt, stolz oder glücklich gemacht? Dies hilft dir nicht nur dabei, positiver zu denken, sondern auch besser in den Feierabend zu gehen, was sich positiv auf dein Privatleben auswirkt.
- Wer Schwierigkeiten mit dem Schreiben hat, der kann alle Dinge, für die er dankbar ist, fotografieren und in einem Album oder Ordner auf dem Handy festhalten und regelmäßig anschauen oder die 3 wichtigsten Bilder an seinen Kühlschrank kleben.
- Wenn du dich mit den Dingen beschäftigst, für die du dankbar bist, ist es auch wichtig, in dein Herz und deine Seele zu fühlen. Was spürst du in dem Moment, wo du dankbar bist? Wie fühlt es sich an, wo fühlst du es am meisten? Auf diese Weise verknüpfst du mit der Dankbarkeit auch Emotionen und dies führt dazu, dass sich das Positive noch tiefer in deinem Bewusstsein verankert.

3.2 Fokus

> „Derjenige, der zwei Hasen
> gleichzeitig jagt, wird keinen davon fangen." –
> KONFUZIUS

Das Arbeitsleben hat sich nicht nur für den typischen „Büromenschen" grundlegend verändert. Während man sich früher überwiegend auf die Erledigung einer Aufgabe konzentriert hat und dankbar war, wenn mal jemand für einen kurzen Plausch bei uns vorbeigeschaut hat, sind wir heute einer Flut von Anrufen, E-Mails, Nachrichten oder (Online-)Meetings ausgesetzt, die uns ständig aus unserer eigentlichen Arbeit herausholen. Für viele zählen 150-300 E-Mails am Tag mittlerweile zur Normalität und ich kann mich noch gut an Zeiten erinnern, an denen ich 6 Stunden oder länger am Tag in Meetings verbracht habe. Doch wann kommen wir so eigentlich noch effektiv zum Arbeiten? Und wie oft fragen wir uns am Ende des Tages, was wir überhaupt geschafft haben?

Zur Beantwortung dieser Fragen wurden bereits viele Studien durchgeführt, wobei die Ergebnisse zusammengefasst aus Produktivitätsgesichtspunkten eher erschreckend sind: So lassen wir uns im Durchschnitt 2 Stunden am Tag ablenken. Alle 2-5min erfolgt eine Unterbrechung unserer aktuellen Aufgabe. Anschließend brauchen wir mindestens 1,5min oder länger, um uns wieder daran zu erinnern, was wir vorher gemacht haben bzw. wo wir vor der Unterbrechung aufgehört haben. Mit jedem Mal, wo wir wieder von vorn anfangen, verschlechtert sich unsere Konzentrationsfähigkeit. Dabei führen selbst Unterbrechungen von nur ein paar Sekunden zu einer erhöhten Fehleranfälligkeit. Und je öfter wir unseren Fokus verändern, desto mehr Energie zieht das aus unseren Akkus, unsere Konzentrationsspannen verkürzen sich und, wenn es ganz blöd läuft, dann vergessen wir eine gute Idee oder einen Lösungsansatz, an den wir zuvor gedacht haben.

Nun könnte man denken, dass wir alle einfach unsere Handys ausmachen, das Telefon auf lautlos stellen und das Mail-Programm schließen. Doch genau das klingt einfacher als erwartet. Zum einen gibt es immer noch viel zu viele Unternehmen, die genau diese ständige Erreichbarkeit auf allen Kanälen von ihren Mitarbeitern erwarten. Auf der anderen Seite tun wir uns leider auch selbst sehr schwer, von der ganzen Informationsflut einfach so abzulassen.

Exkurs: Warum du E-Mails, Nachrichten und sozialen Medien nur schwer widerstehen kannst

Wie oft am Tag checkst du deine E-Mails oder schaust auf dein Handy, ob du eine Nachricht erhalten hast? Mehrmals am Tag, jede Stunde oder immer dann, wenn es brummt? Wenn du weißt, dass du eine neue Nachricht erhalten hast, wie lange schaffst du es, sie dir trotzdem nicht anzuschauen?

Der Durchschnitt schaut 100-mal am Tag auf sein Handy. Allein 100-mal am Tag unterbrechen wir das, was wir gerade tun, nur um auf unser Handy zu schauen. Und das völlig unsinnig, da es in den überwiegenden Fällen keinen wirklichen Unterschied macht, ob wir diese E-Mail oder Nachricht jetzt oder 30min später lesen. Oftmals ist uns sogar selbst bewusst, wie sehr uns dieses Verhalten schadet und von der Arbeit ablenkt – und doch fällt es uns schwer, etwas dagegen zu tun. Die Ursache hierfür ist, dass unser Gehirn gierig nach Belohnungen und zusätzlich unglaublich neugierig ist. Jedes Mal, wenn wir eine positive Nachricht oder ein Like erhalten, wertet unser Gehirn dies als Belohnung und schüttet Dopamin aus. Dopamin sorgt dafür, dass wir uns wohlfühlen, wobei die gleichen Hirnareale wie bei Alkohol oder Drogen aktiviert werden. Und genau wie bei Alkohol auch, kann unser Gehirn süchtig nach genau diesen Botenstoffen werden. Das unbewusste Verlangen nach Befriedigung führt dann dazu, dass wir immer häufiger auf unser Handy oder unseren Posteingang schauen – in der Hoffnung, wieder etwas Dopamin zu bekommen.

Der zweite Grund, der uns zu digitalen Informations-Junkies macht, ist die angeborene Neugierde unseres Gehirns. Es liebt Informationen und

Internet, E-Mails und soziale Medien sind perfekt dafür geeignet, diese Sucht zu stillen. Wenn wir mal offline sind, dann entsteht das ungute Gefühl, etwas zu verpassen und nicht präsent zu sein. Das erzeugt bewusst oder unbewusst ein Gefühl der Angst in uns. Da unser Gehirn Angst nicht so gern mag, zwingt es uns lieber dazu, nochmal auf das Display zu schauen, um dieses Gefühl schnell wieder loszuwerden. Zusätzlich füttern digitale Medien die Neugierde unsers Gehirns, weil wir nie wirklich wissen, wer oder was uns als Nachricht erwartet. Wenn wir eine Nachricht erhalten, besteht immer eine 50:50-Chance, dass sie positiv oder negativ ist, nervt oder glücklich macht – und genau das macht es für unser Gehirn so unwiderstehlich. Egal wie die Nachricht auch ausfallen mag: Sie besitzt immer den Reiz des Unbekannten.

Jede Sekunde prallen auf unser Gehirn mehr als 11 Millionen Informationen ein, die wir über unsere Augen und unsere Ohren, aber auch durch Riechen, Schmecken und Fühlen wahrnehmen. Die Funktion unserer Schaltzentrale ist es nun, all diese Informationen zu filtern, damit wir uns auf das konzentrieren können, was für uns gerade wichtig ist. Da wir mittlerweile in einer Aufgabenflut untergehen, versuchen wir, Zeit zu sparen und bewältigen daher unsere täglichen Herausforderungen oft durch Multitasking, wobei digitale Medien zum Großteil immer im Multitasking-Modus genutzt werden. Doch genau das ist ein Modus, der unser Gehirn in den Wahnsinn treibt und der niemals wirklich zu einer Zeitersparnis führt. Auch wenn wir es anders wahrnehmen, dauert es immer länger, wenn wir die Aufgaben zeitgleich erledigen, als wenn wir sie nacheinander bearbeiten würden. Dies liegt darin begründet, dass unser Gehirn sich nicht auf zwei Dinge gleichzeitig konzentrieren kann: Es pendelt permanent zwischen allen Reizen, die auf uns einprallen, hin und her. Dabei handelt es sich um äußere Reize wie eine Nachricht auf unserem Handy, Kollegen oder innere Reize wie Gedanken, Gefühle und Emotionen. Für mich war das eine Erkenntnis, die ich zu Beginn nur schwer akzeptieren konnte. Es gab eine Zeit, wo in jeder Stellenausschreibung das Wort „multitaskingfähig" enthalten war und ich hatte akribisch versucht, diese Fähigkeit zu trainieren. Tatsächlich ging man früher wirklich davon aus, dass der Mensch multitaskingfähig ist. Doch mittlerweile hat die Forschung belegen können, dass dies ein großer Irrtum war. Als ich mich intensiver mit diesen Themen beschäftigt hatte, wurde auch mir immer mehr bewusst, dass ich diese Technik oftmals eher dafür genutzt hatte, mein Gehirn etwas zu ermüden, damit das ständige Geplapper in meinem Kopf endlich weniger wird.

Dieses ständige Hin- und Herspringen verbraucht unendlich viel Energie. Wir werden schnell müde und unsere Konzentrationsspanne und damit unsere Leistungsfähigkeit fällt rapide ab. Da der Kaffee uns oft wachhält, bekommen wir das bewusst gar nicht mit, aber in der Qualität unserer Arbeitsergebnisse, aber auch der Zeit, die wir für eine Aufgabe benötigen, lässt sich dieser Effekt recht schnell messen.

Der Begriff „Multitasking" kommt eigentlich aus der Informatik und beschreibt die Fähigkeit eines Computers, mehrere Dinge parallel zu machen. Der entscheidende Unterschied zwischen einem PC und einem Menschen ist jedoch, dass der Computer über mehrere Prozessoren verfügt, die gleichzeitig laufen, der Mensch aber nur auf ein Gehirn zurückgreifen kann. Egal wie intelligent wir auch sein mögen: Unser Gehirn ist nicht in der Lage, unsere bewusste Aufmerksamkeit auf zwei komplexe Aufgaben gleichzeitig zu richten. Es pendelt permanent zwischen den Reizen hin und her. Es fühlt sich einfach im Monotasking-Modus wohler.

Diese Leidenschaft unserer Schaltzentrale kannst du dir selbst sehr gut anhand der folgenden Übung verdeutlichen.

Übung „Multitasking"

Schreibe auf einem weißen Blatt Papier mit Großbuchstaben das Wort „Fokus". Direkt darunter schreibst du die Ziffern 1 bis 5.

FOKUS
1 2 3 4 5

Nun drehe das Blatt um und schreibe zuerst den Buchstaben und dann die Zahl, also erst F und dann 1, dann O und dann 2 usw. Welche Aufgabe ist dir leichter gefallen?

Die digitale Ära hat uns die Arbeit in vielerlei Hinsicht erleichtert und neue Chancen eröffnet. Zu Beginn haben digitale Medien sogar zu einer Steigerung unserer Intelligenz beigetragen und unser analytisches Denken verbessert. Doch wie bei allem im Leben kommt es immer auf die Dosis an. Es gibt immer einen Punkt, ab dem sich etwas Positives ins Negative wandelt: Mittlerweile haben wir ein Level erreicht, wo wir die Vorteile der Digitalisierung mit einer permanenten Reizüberflutung und einer damit einhergehenden Überforderung unserer Schaltzentrale erkaufen. Als Folge sinkt unser Konzentrationsvermögen seit Jahren. Die Wissenschaft spricht mittlerweile bereits von einer antrainierten Aufmerksamkeitsstörung, da Hirnregionen, die für unser Konzentrationsvermögen und unsere Aufmerksamkeitsspanne verantwortlich sind, immer mehr degenerieren. Auch das liegt in der Neuroplastizität unseres Gehirns begründet, bei der neuronale Netze oder Fähigkeiten, die lange nicht genutzt werden, irgendwann verkümmern oder wie ein Muskel sich langsam zurückbilden. Im Arbeitsleben macht sich das neben der Zeit, die wir uns aktiv einer Aufgabe widmen können, ohne gedanklich abzuschweifen, u. a. darin bemerkbar, dass wir oft nicht so recht wissen, wo wir anfangen sollen, oder wir spüren eine innere Unruhe in uns, ohne zu wissen warum. Wir lassen uns sehr schnell auch von Kleinigkeiten ablenken und sind überfordert, wenn es darum geht, Prioritäten zu setzen. Manche Menschen schaffen es nicht mal mehr, eine Seite aus einem Buch konzentriert zu lesen. Und wenn, dann wissen sie 1 min später nicht mehr, was sie gelesen haben. Ständig wandern unsere Gedanken zu Dingen, die wir noch erledigen müssen, die passieren könnten oder die vor langer Zeit passiert sind.

Viel schlimmer ist jedoch, dass unser Gehirn diese permanente Überforderung dahingehend löst, dass es uns einfach auf Autopilot schaltet. Wir denken in der Vergangenheit, in Mustern, Daumenregeln und

Gewohnheiten. Sicherlich hat dies auch seine Vorteile, doch jeder weiß, wie wichtig es ist, alle Variablen in eine Entscheidung einzubeziehen oder dass Kundenprobleme nicht immer nach Schema F abzuarbeiten sind.

Fokussierung oder selektive Aufmerksamkeit hat jedoch nicht nur einen Einfluss auf unsere Leistungsfähigkeit, sondern auch darauf, ob uns eine Aufgabe wirklich Spaß macht, wir einen Sinn in unserem Job sehen oder in einem guten Teamgefüge arbeiten. So konnten unterschiedlichste Forschungen belegen, dass Spaß an einer Aufgabe weniger von der Art der Tätigkeit abhängt, sondern davon, ob man sich voll darauf konzentrieren kann. Dass wir immer mehr die Freude und den Spaß an dem verlieren, was wir tagtäglich tun, ist vor allem der Tatsache geschuldet, dass wir kaum noch in der Lage sind, uns wirklich zu konzentrieren.

Ein toller Nebeneffekt eines starken Fokus-Muskels ist der Flow-Zustand oder „in the Zone" zu gelangen wie Michael Jordan, einer der besten Basketballer es einmal nannte. Wenn wir im Flow sind, dann sind wir ganz im gegenwärtigen Moment. Wir vergessen Raum und Zeit, können unser volles Potential abrufen, sind kreativ und bringen Bestleistungen hervor. In einem Flow-Zustand erleben wir eine unglaubliche Freude an dem, was wir tun. Wenn wir uns vollständig auf eine Tätigkeit fokussieren, dann klaut uns diese Tätigkeit keine Energie, sondern erzeugt sie. Wir sind voller Tatendrang und alles geschieht wie von selbst. Dies ist sicherlich einer der schönsten Nebeneffekte, wenn wir es schaffen, unser Gehirn wieder in den Monotasking-Modus zu versetzen. Mit ein wenig Übung gehört dieser Zustand auch zu einem festen Bestandteil unseres Arbeitsalltages.

Die folgende Meditation ist darauf ausgerichtet, deinen Fokus-Muskel zu trainieren. Sie ist sozusagen das Grundwerkzeug. Alle noch folgenden Meditationen und Achtsamkeitsübungen bauen darauf auf, so dass ich dir empfehle, diese erst zu verinnerlichen und sich dann den noch folgenden Übungen zu widmen. Nach regelmäßigem Training können wir die damit erlernte Fokussierung auch auf Aufgaben in unserem Job anwenden. Im Grunde ist es wie beim Autofahren: Wenn wir einmal Autofahren können, dann können wir mit fast jedem Auto problemlos fahren. Gerade die informellen Achtsamkeitsübungen lassen sich auf jede Aufgabe im Alltags- und Arbeitsleben anwenden. Wenn wir das Prinzip des

Fokus-Trainings verstanden haben, lässt es sich quasi überall anwenden. Und gerade in der Arbeitswelt wird uns dieses Training mit mehr Spaß, besseren Arbeitsergebnissen, Ideen und wesentlich mehr Zeit belohnen, was sich im besten Fall auch auf unser Privatleben überträgt.

Übung „Atem-Meditation"

Bei der Atem-Meditation versuchen wir, unsere Aufmerksamkeit auf unsere Atmung zu lenken, und trainieren so unseren Fokus-Muskel. Suche dir hierfür einen ruhigen Ort, wo du ein paar Minuten nur für dich bist. Nimm eine bequeme, aufrechte Sitzposition ein. Du kannst dich hierfür entweder auf einen Stuhl oder Ähnliches setzen oder du nimmst die typische Meditationshaltung im Schneidersitz auf dem Boden ein. Es sollte nichts kneifen und zwacken und der Rücken sollte möglichst gerade sein, da so unsere Energien einfach besser fließen können. Stelle dir einen Timer und schließe deine Augen. Falls du das nicht magst, dann schaue auf einen Punkt direkt vor dir.

Um in der Meditation anzukommen und dich zu entspannen, solltest du zunächst 2-3-mal ganz tief ein- und ausatmen. Richte deine Konzentration dann komplett auf das Atmen bzw. den Atmungsvorgang an sich. Spüre, wie die Luft in deine Nase ein- und austritt, wie sich der Brustkorb weitet und entspannt und wie der Bauchraum sich hebt und senkt. Folge deinem Atemfluss und beobachte ihn.

Als Anfänger kannst du die Beobachtung auf den Atem mit dem einfachen Zählen deines Atems unterstützen, so dass dir das Ganze etwas leichter fällt. Während du bewusst einatmest, zählst du während der gesamten Einatmung eins, während du ausatmest zählst du ebenfalls wieder und sagst dir im Kopf eins. Wenn du ausgeatmet hast, machst du eine kleine Pause. Du kannst auch im Kopf „Pause" sagen. Und weiter mit dem nächsten Atemzug: einatmen zwei, ausatmen zwei, Pause und so weiter. Du kannst jetzt bis 10 zählen und dann rückwärts 9,8,7 ... oder du fängst einfach wieder von vorn an. Du kannst diesen Prozess selbstverständlich auch mit Worten begleiten. Ich atme ein, ich atme aus, Pause. Deiner Kreativität sind da keine Grenzen gesetzt. Schaue einfach, was sich für dich am wohlsten anfühlt.

Wenn du abschweifst und an etwas anderes denkst, dann ist das völlig normal. Manchmal hast du beim ersten Ausatmen schon etwas anderes im Kopf. Manchmal erst bei der Zahl 5 oder 9. Es ist auch nicht immer gleich, je nachdem wie stark gerade dein Gedankenkarussell ist. Lass dich davon nicht irritieren oder frustrieren. Jedes Mal, wenn dir bewusst wird, dass du denkst, hast du einen kleinen Teilerfolg erzielt, weil du in diesem Moment dich selbst achtsam beobachtet hast.

Wenn die Zeit vorbei ist und der Timer sich meldet, dann lasse die Augen bewusst noch ein wenig geschlossen und atme wieder 2-3-mal ganz tief ein und aus. Dann strecke dich, so wie dir gerade danach ist, und bedanke dich bei dir selbst, dass du dir die Zeit genommen hast und für dich gesorgt hast.

Eine sehr wirkungsvolle und sehr leichte in seinen (Arbeits-)Alltag zu integrierende Achtsamkeitsübung ist das achtsame Händewaschen. Während wir normalerweise gerade das Händewaschen dafür nutzen, um mit unseren Gedanken abzuschweifen, eignet sich diese Übung perfekt, um seinen Fokus-Muskel, aber auch seine Sinne zu trainieren. Klingt sehr einfach, aber es wird bei manchen sicherlich auch etwas dauern, bis sie die Übung anfangen zu verinnerlichen. Du wirst mit Sicherheit zu Beginn sehr schnell mit deinen Gedanken abschweifen und an etwas anderes denken als an das Händewaschen. Lass dich davon nicht frustrieren: In genau diesen Momenten bist du achtsam, weil es dir bewusst war, dass du nicht bewusst bist. Die Sekunden, in denen du es schaffst, dich wirklich mit allen Sinnen auf das Händewaschen zu konzentrieren, werden mit der Zeit zunehmen. Irgendwann wird das Händewaschen dann zur kleinen Oase, die Klarheit und Energie bringt.

Achtsamkeitsübung „Achtsames Händewaschen"

Beim achtsamen Händewaschen konzentrieren wir uns mit all unseren Sinnen auf den gesamten Vorgang des Händewaschens. Bevor du die Übung beginnst, solltest du aufrecht stehen und 2-3-mal tief ein- und ausatmen. Versuche anzukommen und freue dich auf deine folgenden 30sek. Achtsamkeit. Während der Übung, und allen noch folgenden Übungen, solltest du immer ein klein wenig lächeln. Lachen erhöht den Sauerstoffaustausch in unserem Gehirn, so dass wir uns besser konzentrieren können. Gleichzeitig steigert Lächeln unsere Stimmung und bringt uns so schnell in einen positiven Geisteszustand.

Drehe ganz bewusst den Wasserhahn auf und beobachte, wie das Wasser auf deine Hände fließt. Was spürst du? Wie hört es sich an? Wie nimmst du es wahr? Ist das Wasser zu heiß oder zu kalt? Wenn du deine Hände einseifst, was riechst du? Wie fühlt sich der Druck auf den Fingern an? Hat sich die Temperatur verändert? Wenn du deine Finger und Daumen mit Seife einreibst, wie fühlt sich der Druck an? Wenn du den Wasserhahn wieder aufdrehst, wie ist es, wenn die Seife langsam vom Wasser losgelöst wird? Wie fühlen sich deine Hände jetzt an? Wie riechen sie? Wie fühlt es sich an, wenn du die Hände abtrocknest?

Wenn du fertig bist, dann genieße noch ein paar Sekunden das Gefühl und atme nochmal 2-3-mal tief ein und aus. Du musst diese Übung nicht bei jedem Händewaschen durchführen, aber einmal am Tag solltest du versuchen, diese Übung in deine tägliche Routine einzubauen. Es hilft, sich immer wieder vor Augen zu führen, dass unser Fokus-Muskel dann am schnellsten wächst, wenn wir ihn regelmäßig fordern.

Neben einem regelmäßigen Achtsamkeitstraining können wir mit ein paar zusätzlichen Maßnahmen unser Gehirn entlasten, so dass wir fokussierter und mit mehr Energie unsere Arbeitsaufgaben bewältigen können. Hier gilt die Regel: „Wann immer du es in den Alltag integrieren kannst." Mal wirst du diese Tipps umsetzen können, mal nicht, weil du einen Abgabetermin einhalten musst oder andere Dinge dazwischenkommen. Behalte die Tipps daher immer im Hinterkopf und nutze sie, wann immer du kannst.

Tipps für mehr Fokus am Arbeitsplatz

- Die Beschaffenheit unserer Arbeitsumgebung hat einen großen Einfluss darauf, wie gut wir uns selbst fokussieren können. Auch Unordnung kann unser Gehirn ablenken und eine innere Unruhe erzeugen. Räume daher deinen Arbeitsplatz je nach deiner eigenen Toleranzschwelle auf. Lösche unnötige Apps, die nur ablenken, und räume deinen Desktop auf.
- Schalte die Benachrichtigungsfunktion auf dem Computer aus und dein Handy auf stumm.
- Bearbeite E-Mails nur innerhalb eines bestimmten Zeitfensters, etwa ein Zeitfenster am Vormittag und eins oder zwei am Nachmittag.
- Sofern es dein Arbeitgeber zulässt, ist es sinnvoll, bei komplexen Aufgaben das Handy für eine gewisse Zeit komplett auszuschalten.
- Morgens können wir auf unsere höchste Leistungsfähigkeit zugreifen. Nutze diese Zeit nicht für E-Mails, sondern für besonders wichtige Aufgaben, die dein volles Potenzial erfordern.
- Klare Prioritäten helfen dir dabei, dich auf die richtigen Aufgaben zu fokussieren. Priorisiere daher deine Aufgaben und konzentriere dich auf die Aufgaben mit der höchsten Priorität. Da die Priorisierung unserem Gehirn sehr viel Leistung abverlangt, solltest du diese Aufgabe immer morgens oder montags zu Beginn der Woche erledigen.
- Führe eine To-do-Liste. Auch wenn viele To-do-Listen gern belächeln, haben sie einen sehr positiven Einfluss auf unser Gehirn. Um das zu verstehen, hilft es, sich unser Gehirn wie einen Computer vorzustellen: Je mehr Programme wir gleichzeitig offen haben, umso langsamer wird er. Es kostet Energie, alle Programme offen zu halten, da wir ja ggf. noch darauf zurückgreifen wollen. Wenn wir eine Aufgabe, die uns in den Kopf schießt, jedoch sofort auf einem To-do-Zettel auslagern,

ist diese Aufgaben für unser Gehirn abgeschlossen und es zieht keinen Saft mehr aus unserem Akku. Je mehr Dateien wir schließen oder auslagern, desto schneller wird unsere Schaltzentrale. So helfen wir unserem Gehirn klarer, fokussierter und damit achtsamer zu sein.

- Analog zu der To-do-Liste hilft auch eine gute Planung dabei, den Überblick zu behalten. Es ist hilfreich, den Folgetag direkt vor Feierabend grob zu planen. Auch hier lagern wir die Aufgaben aus, so dass unser Gehirn besser abschließen kann und wir so schneller im Feierabend ankommen. Am nächsten Morgen kann man dann bei Bedarf nochmal die Aufgaben entsprechend priorisieren.

- Ausreichend Pausen sind sehr wichtig, um den Fokus auch über den gesamten Arbeitstag halten zu können. Ein Sportler, der pausenlos trainiert, muss als Konsequenz auch irgendwann mit einem Leistungsabfall rechnen. Folge dabei dem 90-Minuten-Rhythmus: Gehirn und Körper haben ihren eigenen Rhythmus. Aus der Hirnforschung weiß man, dass unsere Schaltzentrale gern in einem Neunzig-Minuten-Rhythmus aktiv ist. Nach neunzig Minuten lässt unsere Konzentration nach, dann möchte unser Gehirn gern, sei es auch nur kurz, etwas anderes tun. Diesen Rhythmus bewusst zu nutzen, macht uns fokussierter und effizienter. Teile deine Arbeit also 90-minütige Abschnitte ein und mache zwischendurch jeweils 5-10min Pause oder wechsle zu einer anderen Tätigkeit. Lasse frische Luft in dein Büro und gehe, sofern möglich, vielleicht ein paar Schritte.

- Eine Old-School-Fokus-Übung ist das Lesen. Lesen trainiert unseren Fokus-Muskel genau wie Meditation. Versuche daher, so oft wie möglich ein Buch zu lesen, selbst wenn es nur 1 Seite am Tag ist. Auch diese Übung kannst du kontinuierlich steigern und so den Fokus-Muskel langsam zu Höchstleistungen trimmen.

3.3 Intuition

> „Der intuitive Geist ist ein heiliges Geschenk
> und der rationale Verstand ein treuer Diener.
> Wir haben eine Gesellschaft erschaffen, die den Diener
> ehrt und das Geschenk vergessen hat." –
> ALBERT EINSTEIN

Jeder von uns hat sicher schon einmal eine Gefahren- oder Extremsituation erlebt, wo er, ohne zu denken, genau das Richtige getan hat. Genau in diesen Momenten hat unsere Intuition unser Handeln gesteuert und dafür gesorgt, dass wir genau das tun, was die Situation erfordert. Intuition ist komplexes Denken, das ohne unser Bewusstsein abläuft. Unser Gehirn sucht in solchen Situationen in unserem Gedächtnis nach ähnlichen Erfahrungen, vergleicht Situationen und spielt mögliche Handlungsabläufe durch. Auf dieser Basis trifft es dann selbst Entscheidungen und lenkt unser Verhalten. Wir selbst bekommen von all dem nichts mit. Das Einzige, was uns in diesem Moment vielleicht bewusst wird, ist eine tiefe, klare Stimme, die uns sagt, was genau in diesem Moment zu tun ist.

Intuition ist eine unbewusste Informationsverarbeitung, die schneller ist als unser Verstand. Sie steht uns zur Verfügung, bevor unsere Schaltzentrale überhaupt anfängt zu arbeiten. Sie beruht auf Erfahrung und all dem, was wir mit unseren Sinnen wahrnehmen. Dabei unterscheidet unser Gehirn nicht, ob wir eine Sache wirklich erlebt haben oder ob wir sie im Kopf nur visualisieren. Wenn wir bestimmte Handlungen und Abläufe, z. B. eine Präsentation oder Kundensituation, mehrmals im Kopf durchspielen, bevor wir mit ihr konfrontiert werden, bauen wir Erfahrungen auf, auf die unsere Intuition entsprechend zugreifen kann.

Aufgabe der Intuition für unser Gehirn ist vor allem die Funktion, Zeit und Energie zu sparen. Beides sind in unserer immer komplexer und schneller werdenden Arbeitswelt elementare Faktoren, um dem ganzen Stress adäquat begegnen zu können. Doch wir leben und arbeiten in einer sehr kopflastigen Welt. Daher wird nie wirklich offen darüber gesprochen, dass man sich z. B. bei Entscheidungen auf seine Intuition verlässt. Doch Führungskräfte, Manager, Piloten, Polizisten oder Feuerwehrleute lassen sich in schwierigen Situationen oft bewusst oder unbewusst von ihrer Intuition leiten. Ich selbst habe Entscheidungen innerhalb von Sekunden getroffen, ohne mir dabei bewusst gewesen zu sein, dass ich mich in solchen Momenten auf meine Intuition verlassen habe. Gerade Führungskräfte müssen tagtäglich unendlich viele Entscheidungen treffen und oftmals hat man schlichtweg keine Zeit, alles bis ins kleinste Detail zu analysieren und alle Eventualitäten abzuwägen. Führungskräfte müssen schnell entscheiden und doch habe ich es immer wieder erlebt, dass manche dazu nicht in der Lage waren. Dies lag sicherlich im fehlenden Mut, auch mal eine falsche Entscheidung zu treffen, begründet. Aber größtenteils war es der Tatsache geschuldet, dass hochgradig gestresste Manager im Autopilot unterwegs waren und leer und ausgebrannt den Zugang zu sich selbst und ihrer Intuition verloren haben.

Unsere Intuition können wir neben dem Treffen von Entscheidungen auch dafür nutzen, uns selbst besser zu verstehen oder kreative Lösungen zu finden. Unsere Intuition kann uns dabei helfen, auf unsere ureigene innerliche Weisheit und die Kräfte unserer oftmals untergrabenen Persönlichkeit zuzugreifen. Über unsere Intuition verbinden wir das Innen mit dem Außen. Für mich ist sie neben Sinnen wie Hören, Schmecken oder Riechen ein eigenständiger Sinn, der uns ein Gefühl dafür gibt, richtig zu liegen. So ist Intuition z. B. im Vertrieb ein wesentliches Element, das am Ende über Erfolg oder Misserfolg entscheidet. Gerade bei erklärungsbedürftigen Produkten und Dienstleistungen brauchen wir ein Gefühl dafür, ob wir tatsächlich die Chance haben, etwas zu verkaufen, oder nur an der langen Leine gehalten werden. Wenn dieses Bauchgefühl fehlt, setzen Mitarbeiter viel zu lange auf das falsche Pferd. Dies verursacht enorme Kosten, Umsätze gehen verloren, aber auch für alle am Prozess beteiligten Mitarbeiter ist es vor allem eins: frustrierend.

Ohne, dass wir es uns bewusst sind, brauchen wir im Job in so vielen Situationen ein Bauchgefühl dafür, ob wir wirklich richtig liegen: Sei es ein Gefühl dafür, ob wir uns auf das richtige Projekt konzentrieren, ob es unser Gegenüber ehrlich mit uns meint oder ob es angebracht ist, in dieser Situation seine Meinung zu äußern oder nicht. Auch im Rahmen von Bewerbungsgesprächen verlassen wir uns mehr auf unsere Intuition, als es uns bewusst ist. So wird die Entscheidung, ob der jeweilige Kandidat zum Unternehmen oder ins Team passt, oft in den ersten Sekunden des Kennenlernens getroffen. Ich habe wirklich viele Bewerbungsgespräche geführt und rückblickend haben am Ende oft sogar die Bewerber das Rennen gemacht, bei denen bereits beim Lesen des Lebenslaufes eine innere Stimme in mir signalisiert hat: „Das könnte passen."

Sicherlich ist unsere Intuition nicht unfehlbar, aber sie hat eine sehr gute Trefferwahrscheinlichkeit. Je besser es uns gelingt, unserer Intuition zu folgen, desto stärker tritt sie hervor und desto stärker bestimmt sie unser Denken, Handeln und Fühlen. Auf unsere Intuition zu hören, macht uns produktiver, da sie unsere Kräfte bündelt. Wir handeln direkt und fokussiert und verlieren weniger Energie auf Nebenschauplätzen. Je öfter wir unserer Intuition folgen, um so selbstverständlicher und leichter lassen wir uns von ihr führen. Während wir uns zu Beginn noch darauf konzentrieren müssen, unsere Intuition zu hören, wird es mit der Zeit zu einem Automatismus und unsere Intuition übernimmt immer mehr die Führung.

Genau wie alle anderen Schlüsselkompetenzen können wir unsere Intuition schärfen und damit unseren Blick auf Menschen und unsere Arbeit verändern. Je öfter man seine Intuition trainiert, je zuverlässiger wird sie mit zunehmender Erfahrung. Eine gute Übung, um sich seiner Intuition bewusst zu werden, ist die Übung des intuitiven Schreibens.

Übung „Intuitives Schreiben"

Nimm dir ein leeres Blatt Papier und schreibe darauf eine Frage, auf die du eine Antwort suchst. Die Frage könnte etwa lauten: „Soll ich auf die Beförderung hinarbeiten?" oder „Lohnt es sich, weiter Zeit in das Projekt zu investieren?" Nehme einen Stift in die Hand, schließe die Augen und atme 2-3-mal tief ein und aus. Öffne dann wieder die Augen und schreibe intuitiv drauf los. Denke nicht nach, schreibe einfach alles auf, was dir zu dieser Frage in den Sinn kommt. Alles ist erlaubt, es gibt keine Grenzen. Du kannst selbst entscheiden, wie lange du schreibst, Minimum sollten jedoch 10min sein. Wenn du fertig bist, schließe wieder die

Augen und atme bewusst 2-3-mal tief ein und aus. Dann lese das, was du geschrieben hast, lass es wirken und lass dich inspirieren. Erkennst du eine Botschaft? Wenn nicht, dann nehme das Blatt Papier am nächsten Tag oder in einer Woche wieder zu Hand. Manchmal muss etwas Zeit vergehen, bis sich Zusammenhänge zeigen und sich unsere Intuition zu Wort meldet.

Unsere Intuition beruht auch darauf, unsere Gefühle besser wahrzunehmen und zu deuten. Hier kommt unserem Bauchgefühl und unserem Herz eine besondere Bedeutung zu. In unserem Darm sind mehr als 200 Millionen Nervenzellen angesiedelt und auch unser Herz verfügt über ein eigenes Nervensystem. Beide stehen mit unserem Gehirn in einem ständigem Austausch. Wissenschaftler sprechen daher auch oft von unserem zweiten und dritten Gehirn. Herz und Darm produzieren wichtige Neurotransmitter wie Serotonin, Dopamin, Oxytocin oder Opiate und haben damit einen erheblichen Einfluss auf uns. Auch sie sind ein Teil unserer körpereigenen Intelligenz und wir sollten daher auch unsere beiden Denkorgane Herz und Darm als Ratgeber nutzen. In Summe bündelt unsere Intuition all diese Ratgeber und inneren Stimmen, wie etwa unser inneres Kind oder den inneren Kritiker, und agiert so wie ein Dirigent unseres Seins. Doch wenn wir uns auf unsere Intuition verlassen wollen, ist wichtig, zwischen Ego, Einbildung, inneren Stimmen und unserer Intuition zu unterscheiden und zu lernen, wann wir unserer Intuition wirklich vertrauen können.

Dabei fühlt sich unsere Intuition anders an als Stimmen wie das innere Kind oder der Skeptiker. Ich kann mich noch genau daran erinnern, als ich das erste Mal den Unterschied wahrgenommen habe. Die Stimme der Intuition war so klar und tief, so selbstsicher und bestimmend. Es gab einfach keinerlei Zweifel, dass es die Stimme der Intuition war. Alle anderen Stimmen sind verstummt, es gab kein Abwägen oder Unsicherheiten. Wenn du einmal den Unterschied zwischen deinen inneren Stimmen und deiner Intuition wahrgenommen hast, wirst du sie immer unterscheiden können und, mit ein wenig Training, wird sie immer öfter hervortreten.

Auch wenn man es sich im ersten Moment nicht unbedingt vorstellen kann, lässt sich unsere Intuition sehr gut trainieren. Dies merkt man beispielsweise im Sport. Sportler können Bewegungsabläufe intuitiv durchführen und z. B. einen Basketball mit geschlossenen Augen in den Korb werfen. Golfer entwickeln einen Instinkt für die Richtung und die Stärke des Windes. Sie verlassen sich auf ihre Intuition, die auf Übung und jahrelanger Erfahrung beruht.

Voraussetzung für unsere Intuition ist Fokussierung, da nur Aufmerksamkeit in der Lage ist, den Raum zu unserer Intuition zu öffnen. Eine entsprechende Meditation zur Steigerung unseres Fokus-Muskels haben wir bereits im vergangenen Kapitel kennengelernt. Eine der besten Achtsamkeit-Übungen, um unsere Intuition zu trainieren, ist das achtsame Essen. Beim achtsamen Essen geht es vordergründig darum, auf die Bedürfnisse des Körpers und unser Bauchgefühl zu achten. Es ist ein bewusstes Essen und hat weder etwas mit Kalorien zählen noch irgendwelchen Diäten zu tun. Vielmehr geht es darum, sich selbst beim Essen zu beobachten und sich selbst urteilsfrei wahrzunehmen. Achtsames Essen lenkt unsere Aufmerksamkeit wieder zu uns und hilft uns dabei, unsere Körpersignale wieder zu hören und uns besser mit uns selbst zu verbinden. Auf diese Weise erlangen wir wieder unser natürliches Hunger- und Sättigungsgefühl oder nehmen wahr, wenn unserem Körper bestimmte Vitamine oder Mineralstoffe fehlen. So werden wir nach und nach zum eigenen Experten für unsere Ernährung, wir vertrauen uns mehr und stärken so auch unsere Intuition. Eine achtsame Haltung gegenüber unseren Essgewohnheiten und unserer Nahrung hilft uns dabei, uns wieder mit uns selbst zu verbinden und unsere Bedürfnisse und Intuition zu erspüren. Beim achtsamen Essen wird uns bewusster, was und wie wir denken und was und wie wir fühlen.

Achtsames Essen schult die bewusste Wahrnehmung unseres Körpers, aber auch unsere Sinne, die beim intuitiven Denken eine zentrale Rolle spielen. Beim achtsamen Essen versucht man bewusst alle Sinne einzubeziehen und nach und nach werden unsere Sinne wieder schärfer oder wir nehmen längst vergessene Sinne erst wieder bewusst wahr.

Achtsamkeitsübung „Mit Achtsamkeit etwas essen"

Eine Übung für achtsames Essen besteht darin, eine Kleinigkeit so bewusst wie möglich zu essen. Bekannt ist die Rosine, du kannst aber auch ein Stück Mandarine, Schokolade oder irgendetwas anderes nehmen. Stelle dir vor, du hast etwas Derartiges noch nie in deinem Leben gesehen, berührt oder geschmeckt. Versuche diesen Moment ohne jegliche Bewertung und völlig bewusst wahrzunehmen.

Stelle dir einen Wecker auf 3-5min und nimm eine bequeme Sitzposition ein. Atme 2-3-mal bewusst tief ein und aus. Sobald du mit deinen Gedanken abschweifst, nimm dies als Impuls, dich wieder auf das Essen zu konzentrieren. Nun nimm all deine Sinne bewusst wahr.

1. Sehen: Lege dein Essen auf deine Handfläche. Betrachte es eine Weile mit deiner vollen Aufmerksamkeit. Welche Farbe hat es, wie ist die Form, ist es ebenmäßig oder erkennst du irgendwelche Muster?
2. Anfassen: Berühre das Essen mit deinen Fingern. Welche Konsistenz hat es? Wie fühlt es sich an – weich, hart, trocken, feucht, rau oder glatt?
3. Riechen: Rieche dein gewähltes Essen. Wie ist der Duft, wenn es dicht an deiner Nase ist oder wieder weiter weg? Erinnert es dich an irgendetwas?
4. Schmecken: Lege dein Essen auf deine Zunge und behalte es dort, ohne es zu kauen. Schmeckst du bereits irgendwelche Aromen? Wie ist der Impuls zu kauen? Verschiebe den kleinen Bissen hin und her, wie ist es, wenn er deine Zähne berührt?
5. Kauen: Beginne nun ganz langsam und bewusst zu kauen. Welche Aromen entfalten sich? Wie verändert sich die Konsistenz? Kannst du vielleicht etwas hören?

Tipps für achtsames Essen

- Vor dem Essen solltest du 2-3-mal bewusst tief ein und ausatmen. Das ist wie eine Schulglocke und stimmt dich auf die Übung ein.
- Beziehe alle Sinne mit ein. Versuche, das Essen so bunt wie möglich zu gestalten und viele Geschmacksrichtungen zu verbinden.
- Achte auf die Portionen: Der Teller muss nicht bis oben voll sein.
- Versuche, langsam zu essen und sorgfältig zu kauen.
- Du musst nicht jede Mahlzeit achtsam einnehmen, aber eine am Tag stärkt den Intuitions-Muskel, selbst wenn es nur die ersten 5 Bissen sind.
- Nimm dir ausreichend Zeit für die Zubereitung. Kochen kann eine meditative Wirkung haben. So verbindest du gleich zwei Achtsamkeitsübungen.
- Versuche, möglichst in Stille zu essen: So kannst du dich besser auf die Wahrnehmung konzentrieren. Lege dein Handy weg und mache auch TV oder Radio aus. Versuche, einfach alle Störquellen zu vermeiden.
- Versuche, auf alles zu achten – Geschmack, Duft, Konsistenz, Temperatur, Aroma oder auch auf das, was du hörst.
- Esse nur dann, wenn dir dein Körper sagt, dass er wirklich Hunger hat und nicht, weil es Mittagszeit ist oder sonstige gesellschaftliche Konventionen das Essen vorschreiben.
- Versuche, jede Mahlzeit, auch wenn du sie schon hundertmal zu dir genommen hast, mit einem Anfängergeist zu betrachten, so als hättest du es noch nie gesehen oder gegessen.
- Lass dich nicht von Augen oder Gerüchen auf dem Weg zur oder von der Arbeit zum Essen verleiten.
- Sei geduldig mit dir: Es dauert eine Weile, bis du achtsames Essen verinnerlicht hast. Es wirkt sich auf Dauer aber nicht nur positiv auf deine Intuition und deine Körperwahrnehmung aus, sondern auch auf dein Bewusstsein für das, was du isst.

Neben Meditations- und Achtsamkeitsübungen haben aber auch Faktoren wie Stress, Schlaf oder die Qualität der Lebensmittel einen entscheidenden Einfluss auf unsere Intuition. Hier gilt es also, immer eine ausgeglichene Balance zu finden.

3.4 Empathie und Mitgefühl

> *„Wie reich und mächtig wir auch sein mögen, ohne Mitgefühl erfahren wir keinen inneren Frieden." –*
> DALAI-LAMA

Wenn du im Job erfolgreich sein möchtest, egal ob als Mitarbeiter oder Führungskraft, dann sind Empathie und Mitgefühl die wichtigsten Schlüsselkompetenzen überhaupt. Mir wurde meine Emotionalität, wie man es immer gern bezeichnet hat, immer zum Vorwurf gemacht. Aber ich bin mir sicher, dass sie mir in meiner beruflichen Laufbahn viele Türen geöffnet hat. Ich konnte mich immer gut in Menschen hineinversetzen. Ich konnte spüren, wie es ihnen geht, was sie jetzt in dem Moment gerade brauchten. Ich konnte fast immer wahrnehmen, ob ein Mitarbeiter private Probleme hatte oder ihn irgendetwas beruflich blockiert hat, und konnte so schnell entsprechende Maßnahmen einleiten und Blockaden lösen. Auch im Vertrieb hat mir meine Empathie immer mehr geholfen, als sie mir geschadet hat. Gemischt mit meiner Intuition konnte ich so sehr gut einschätzen, ob es Sinn macht, den Kunden weiter vertrieblich zu bearbeiten oder die Aktivitäten herunterzufahren oder einzustellen. In Verhandlungen hat mir meine Empathie immer dabei geholfen, eine partnerschaftliche Basis herzustellen und Stimmungen wahrzunehmen, die für die Ausarbeitung der richtigen Verhandlungsstrategie elementar sind.

Empathie heißt, sich auf die Gefühle seiner Mitmenschen einstimmen zu können und mit ihnen in Resonanz zu gehen. Es bedeutet Einfühlungsvermögen und ist eine Mischung aus Verstand und Gefühl. Wir können lesen, in welchem mentalen Zustand sich eine Person befindet und sind uns so bewusst, wie wir die andere Person unterstützen können.

Empathie hilft uns, die Perspektive unseres Gegenübers einzunehmen, und fördert Rücksichtnahme, so dass wir uns in bestimmten Situationen auch mal zurücknehmen. Wenn wir Mitgefühl empfinden, dann simuliert unser Gehirn, wie es wäre, wenn wir uns in der gleichen Situation befinden würden. Nervenzellen in unserem Gehirn unterscheiden dann nicht, ob es sich z. B. um unsere Probleme oder die Probleme eines anderen handelt. Evolutionsbiologisch hat dies eine wichtige Funktion, da wir so besser vorhersehen können, wie sich jemand anderes als Nächstes verhalten wird. Das ist eine Fähigkeit, die uns beruflich enorm weiterhilft.

Der Zugang zu Empathie und Mitgefühl ermöglicht uns ein viel tieferes Wissen, eine Verbundenheit, die dir sicherlich auch mal Türen versperren wird, aber sie wird dir weitaus mehr Türen öffnen. Menschen haben eine innere Antenne dafür, ob du sie wirklich wahrnimmst oder nur gedankenabwesend mit dem Kopf nickst. Menschen fühlen es, ohne sich dessen bewusst zu sein, ob du ihnen zuhörst, mitfühlst, sie wirklich verstehst, ob du authentisch bist oder alles nur eine Rolle ist, die du spielst, um der Norm oder Situation gerecht zu werden, oder weil du ihnen etwas verkaufen willst. Unser somatisches System nimmt die Mimik, Gestik und Körperhaltung des Gegenübers wahr wie ein Scanner und schickt genau diesen Scan an unsere Intuition, ohne dass wir uns dessen bewusst sind.

Wie ich es am Anfang beschrieben habe, nimmt jeder Achtsamkeit anders wahr. Bei dem einen verstärkt sich die Kreativität oder man fühlt sich wesentlich resilienter. Bei mir war es die Empathie, die sich zunehmend verstärkt hat. Ich war schon früher ein sehr empathischer Mensch, aber durch die Achtsamkeit hat sich mein Empathie-Muskel noch stärker herausgebildet. Zugegeben war es am Anfang nicht so einfach für mich und ich musste damit erstmal etwas klarkommen. Manchmal konnte ich den Schmerz, Ängste oder Unsicherheit anderer in mir spüren. Manchmal hat mich ein Sonnenaufgang, eine Pflanze oder ein Tier zu Tränen gerührt, was viele meiner Mitmenschen nicht im Geringsten nachvollziehen konnten – das hat bei mir eher Unwohlsein ausgelöst. Doch je besser ich gelernt habe, damit umzugehen, desto besser konnte ich es für mich beruflich, aber auch privat nutzen. Vielleicht wird es dir nach einiger Zeit auch so gehen. Versuche, es anzunehmen, und lasse dir von niemanden, auch nicht von dir selbst, einreden, dass es dir beruflich schaden könnte.

Beruflich bringt dir Empathie, gerade als Führungskraft, viele Vorteile. Erst mit Empathie und Mitgefühl wird sich dein Blick für Schwierigkeiten wirklich öffnen. Menschen werden dich erst dann wirklich akzeptieren, wenn du über so viel Selbstempathie verfügst, dass du dich selbst akzeptieren kannst. In einem Meeting, in einer Verhandlung oder in einem Mitarbeitergespräch nimmst du viel besser die Stimmungen wahr und kannst so wesentlich besser agieren. In deinem Team werden dir Unstimmigkeiten bewusst, bevor es zu Situationen kommt, die dem Team schaden könnten. In Kundensituationen bringt es dir ebenfalls viele Vorteile. Heute und in Zukunft ist nicht mehr der altglatte Businesstyp, mit braunem Anzug und Einstecktuch gefragt. Menschen wollen mehr denn je Menschen. Krisen wie Corona haben andere Werte und Kompetenzen in den Vordergrund gerückt und Empathie ist eine davon.

Empathie hilft Führungskräften, auch das Machtgefüge und die Politik im Unternehmen schneller zu durchschauen. Es wird selten öffentlich angesprochen, aber Politik und Macht nehmen einen Großteil der eigentlichen Führungsarbeit ein. Und das unabhängig davon, ob du in einem großen oder einem kleinen Unternehmen arbeitest. Auch hier hilft Empathie. Mitarbeiter bekommen von diesem unsichtbaren Beziehungsgeflecht oft nichts mit. Doch wenn du als Führungskraft die jeweiligen Gesetzmäßigkeiten und Verhaltensregeln nicht erkennst, hast du niemals eine Chance, Karriere zu machen oder in deiner Position lange zu bestehen. Und genau hier bedarf es einer großen Portion Einfühlungsvermögen, um genau das zu erkennen, was niemals ausgesprochen wird. Man muss sich für Menschen interessieren, auch mal was von sich preisgeben, helfen, empathisch zuhören und seine Beziehungen pflegen. Nur so kann man die Strömungen wahrnehmen und nachvollziehen, wie manche Entscheidungen zustande kommen und wie Entscheidungsträger in bestimmten Situationen zueinanderstehen.

Emphatisch und mitfühlend zu sein, heißt nicht automatisch, dass man als weich empfunden wird und die Mitarbeiter dir als Führungskraft auf der Nase herumtanzen. Ich habe eher die Erfahrung gemacht, dass der Respekt durch diese Fertigkeiten sogar steigt. Empathie hilft dabei, dass Menschen uns vertrauen. Und genau wie in einer Partnerschaft ist auch in einem Team, in einer Organisation, in einem Unternehmen oder in einer Geschäftsbeziehung Vertrauen die Basis für eine gute und langfristige Zusammenarbeit. Menschen fühlen sich verstanden und öffnen sich, was wiederum dazu führt, dass sie sich sicherer fühlen. Und je sicherer und wohler sich Menschen in einer Gruppe oder einem Team fühlen, desto mehr bringen sie sich ein. Es motiviert, man fühlt sich verbunden, ist weniger gestresst und lässt so viel leichter von selbst auferlegten Rollen oder Glaubenssätzen ab. Und all das wirkt sich in Summe positiv auf die Leistung und die Zusammenarbeit aus.

Je mehr Empathie und Mitgefühl wir im Job für unsere Kollegen, Vorgesetzten, aber auch Kunden empfinden, desto besser funktioniert die Zusammenarbeit und nur so entsteht ein Wir-Gefühl. Empathie setzt in uns vermehrt Oxytocin frei, was bekanntlich die Bindung zwischen Menschen verstärkt. Ohne Empathie oder den Versuch, die Situation des jeweils anderen auch nur Ansatzweise zu verstehen, kann keine wirkliche Beziehung und damit gute Zusammenarbeit entstehen. Unternehmen, die Mitgefühl kultivieren, können die Zusammenarbeit in Teams, aber auch teamübergreifend stärken. Wenn Kollegen sich untereinander helfen, austauschen und gegenseitig unterstützen, dann erzeugt dies ein Klima, das durch Zusammenhalt und Miteinander geprägt ist. Ich habe Unternehmen kennengelernt, wo das Klima so verpestet war, dass nur gegeneinander gearbeitet wurde, Informationen zurückgehalten und Mitarbeiter gemobbt wurden. Kaum vorstellbar, was das für Kraft und Energie kostet oder wie derartige Unternehmen Krisen überstehen oder sich von Manipulationen im Außen schützen wollen.

Weiterhin erzeugt Empathie Engagement und Verbundenheit, was sich auch auf die Sinnhaftigkeit der Arbeit auswirkt. Gerade der fehlende Sinn, den Mitarbeiter für ihre Arbeit empfinden, kosten Unternehmen immer mehr Geld, da Arbeit ohne Sinn krank macht. Sie führt zu innerer Kündigung und einer hohen Fluktuation. Eine Unternehmenskultur, die sich durch Empathie und Mitgefühl auszeichnet, kann dem jedoch entgegenwirken, denn nichts erzeugt mehr Sinn, als Zusammenhalt und gemeinsam in einem wundervollen Team zu arbeiten.

Viele Unternehmen verwenden heute den Begriff „Nachhaltigkeit" als ein Marketinginstrument. Doch aus meiner Sicht können Unternehmen nur dann wirklich nachhaltig agieren, wenn sie Empathie und Mitgefühl innerhalb des eigenen Unternehmens, aber auch in der Kommunikation nach außen entstehen und wachsen lassen. Wenn Unternehmen ihre Fähigkeit für Empathie schulen, werden sie auch die Fähigkeit stärken, zu fühlen, was der Markt, aber auch die Mitarbeiter wirklich brauchen. Und nur die Summe aus beiden macht ein Unternehmen wirklich erfolgreich. Nur wenn Mitarbeiter sich auch wirklich gehört fühlen, werden sie auch volles Engagement zeigen. Und auch der Markt und Kunden haben ein Gespür dafür, was nur ein Marketingspruch ist oder was tief gelebte Unternehmenswerte sind.

Alle Menschen haben die Veranlagung zur Empathie. Manche sind von Natur aus etwas mehr als andere mit dieser Fähigkeit ausgestattet. Aber auch bei der Empathie gilt es analog zu den anderen Schlüsselfertigkeiten, dass man sie gezielt üben und damit stärken kann. Hierfür eignet sich die Metta-Meditation perfekt, die zu den ältesten Formen der buddhistischen Meditation zählt und die man leicht auf den Arbeitsalltag adaptieren kann. Ziel dieser Meditationsübung ist das Erreichen einer wohlwollenden und empathischen Haltung gegenüber dir selbst, deinem Unternehmen und deinen Kollegen oder Vorgesetzten. Mit der Metta-Meditation wird versucht, jedem fühlenden Wesen, das heißt jedem Lebewesen der Erde, mit Wohlwollen und Freundlichkeit zu begegnen. Mittels Anwendung von Sätzen oder Mantras während der Meditation wird versucht, liebevolle Güte für die Lebewesen zu empfinden, auf die du dich fokussierst.

Die nachfolgende Metta-Meditation ist etwas abgewandelt und besteht nicht wie üblich aus fünf Phasen und beschränkt sich lediglich auf dich und dein berufliches Umfeld.

Übung „Metta-Meditation im Beruf"

Stelle dir einen Timer und nehme deine gewohnte Meditationshaltung ein. Atme 2-3-mal bewusst tief ein und aus. Suche dir für die erste Phase 1-3 der folgenden Sätze aus und beginne, sie still zu wiederholen. Du kannst während der Einatmung den ersten Teil des Satzes und während der Ausatmung den zweiten Teil aufsagen oder alles zu Beginn der Einatmung – ganz wie du magst und womit du dich am wohlsten fühlst.

- Möge ich glücklich und zufrieden sein.
- Möge ich entspannt und motiviert sein.
- Möge ich frei von Kränkungen und Negativität sein.
- Möge ich frei von Angst, Wut und dem Verlangen nach Macht sein.
- Möge ich lernen, mit mir selbst im Frieden zu sein.
- Möge ich lernen, für mich selbst und andere Liebe und Mitgefühl zu empfinden.
- Möge ich lernen, Freude in mir zu spüren und an andere weiterzugeben.

In der zweiten Phase konzentrierst du dich auf deinen Chef oder einen bestimmten Kollegen, mit dem du vielleicht Probleme hast oder mit dem du die Zusammenarbeit verbessern möchtest. Nun beginnst du die Sätze mit „Möge mein Chef / Kollege ..." analog zur ersten Phase. In der dritten Phase beziehst du es auf euch als Gesamtheit und beginnst die Sätze mit „Mögen wir ...".

Am Anfang mag es sich vielleicht etwas komisch anfühlen, mit sich selbst zu reden, aber mit ein bisschen Praxis wirst du eine unglaubliche Kraft und Verbundenheit aus dieser Mediation ziehen, die mich selbst immer wieder fasziniert. Wenn dir die Übung zu Beginn noch sehr schwerfällt, kannst du zunächst auch nur mit einem Satz beginnen und ihn immer wieder während der Meditation wiederholen und dann Schritt für Schritt auf die 3 Phasen erweitern. Du kannst dir auch gern eigene Sätze / Mantras überlegen, die auf deine derzeitige berufliche Situation passen.

Auch hier kannst du deiner Kreativität freien Lauf lassen und das wählen, was sich für dich stimmig anfühlt.

Wenn du die ersten Male bei der Metta-Meditation nichts empfindest, dann solltest du nicht versuchen, irgendwelche Gefühle in dir zu erzeugen. Erwarte nichts oder sei nicht enttäuscht, wenn du nichts empfindest. All das passiert unter der Oberfläche und zeigt sich meist in anderen Situationen oder nach einer Weile der Übungspraxis. Irgendwann wirst du, ohne es zu merken, ein Lächeln auf deinen Lippen spüren – und genau dann bist du in die Tiefen der Metta-Meditation vorgedrungen.

Eine sehr effektive Achtsamkeitsübung, um Empathie und Mitgefühl zu steigern, ist das achtsame Zuhören. Achtsames Zuhören bedeutet, einer Person, während sie uns etwas erzählt, die volle Aufmerksamkeit zu schenken. Im ersten Moment denkt man sicherlich, das sollte kein Problem sein, doch für mich ist sie eine der schwierigsten Übungen in der Achtsamkeitspraxis. Auch wenn wir denken, wir hören konzentriert zu, redet unser Verstand permanent. Entweder wir überlegen, was wir als Nächstes sagen, oder es entsteht ein permanenter innerer Dialog – „das kenne ich", „das habe ich auch schon erlebt" oder „wie oft sie mir das noch erzählen will". Manchmal schweifen wir sogar komplett ab und überlegen, was wir demnächst noch tun müssen. Und das ist nur ein kleiner Auszug von Dingen, die in unserem Kopf herumschwirren, während wir denken, dass wir unserem Gegenüber achtsam zuhören.

Wie oft sitzen wir in Meetings, wo es eigentlich darum geht, sich zuzuhören und auszutauschen, aber im Grunde ist niemand wirklich anwesend. Es entstehen Missverständnisse, die zu fehlerhaften Arbeitsergebnissen führen. Oder oftmals müssen wir das Meeting im Nachgang nochmals durchgehen, um zu verinnerlichen, was der eigentliche Arbeitsauftrag war. Solche Meetings zapfen noch mehr von unserem ohnehin schon geringen Energielevel ab und sind im Grunde pure Zeit- und Geldverschwendung. Und doch sind sie heute in fast jedem Unternehmen normaler Alltag.

Gerade für Führungskräfte ist das Zuhören eine sehr wichtige Fertigkeit. So kommt es oft zu gravierenden Fehlern, wenn man als Führungskraft nur halb zuhört oder mit seinen Gedanken bereits bei der nächsten Aufgabe ist. Mitarbeiter fühlen sich nicht wertgeschätzt, was die Zusammenarbeit nicht gerade einfacher macht. Zuhören verbessert somit nicht nur unsere Arbeit, sie stärkt neben der Achtsamkeit auch unsere Empathie.

Achtsamkeitsübung „Achtsames Zuhören"

Suche dir eine Person aus, der du achtsam zuhören möchtest, oder versuche, diese Übung in einem deiner Meetings anzuwenden. Bevor du startest, empfiehlt es sich, nochmals bewusst tief ein- und auszuatmen, sodass du im gegenwärtigen Moment ankommst. Dann versuche, deine Aufmerksamkeit voll auf dein Gegenüber oder die jeweils sprechende Person im Meeting zu lenken. Versuche, selbst vollkommen still zu sein, nicht zu sprechen und nicht über das Gesagte nachzudenken. Versuche, das, was gesprochen wird, auch nicht zu bewerten, es mit Kommentaren zu versehen oder Ableitungen in deinem Kopf herzustellen. Mache dir keine Notizen und versuche, dich vor allem nicht zu sehr anzustrengen, wenn du zuhörst. Es werden Gedanken aufkommen, aber versuche, dich immer wieder auf das zu konzentrieren, was gerade gesprochen wird. Mit der Zeit wird sich ein innerer Raum öffnen, sodass du das, was du hörst, viel besser aufnehmen kannst. Wir verbinden uns mit dem Gegenüber und so entsteht Raum für Empathie, der unsere Beziehung zu Mitarbeitern, Vorgesetzten und Kunden tiefgreifend verändern wird.

Eine weitere wundervolle Achtsamkeitsübung, um unsere Empathie am Arbeitsplatz zu steigern, ist die Pflege einer Büropflanze. Gerade Führungskräften kann ich diese Übung nahelegen, denn Führung bedeutet vor allem, Verantwortung für seine Mitarbeiter zu übernehmen und das Beste aus ihnen herauszuholen. Pflanzen sind hier wie eine Metapher, denn wir sollten uns wie bei Pflanzen den Menschen genau ansehen und ihm dann ein Arbeitsumfeld bieten, in dem er sich wohlfühlt und wo er sich voll entfalten kann.

Vor einigen Jahren konnte sich der Großteil von uns unter dem Wort „Waldbaden" nicht wirklich etwas vorstellen. Menschen, die einen Baum umarmen, wurden belächelt und für leicht verrückt erklärt. Doch mittlerweile haben sich viele neue Berufsbilder wie etwa der Wald-Achtsamkeitstrainer, der Wald-Therapeut oder der Natur-Coach etabliert. Und das liegt vor allem daran, dass Pflanzen eine beruhigende Wirkung auf uns haben, Stress reduzieren und unsere Empathie steigern.

Wenn man sich jeden Tag ein wenig Zeit nimmt, um seine Büropflanze wahrzunehmen, kommt man auf einfache, aber kraftvolle Weise wieder im Hier und Jetzt an. Pflanzen sind nicht nur Dekoration, sie helfen bewusst oder unbewusst dabei, glücklicher und ausgeglichener zu werden, Stress zu reduzieren und Verbundenheit und Empathie zu kultivieren. Pflanzen sind stille Lehrmeister, denn bei der Pflege der Pflanze geht es um Beobachtung, Wahrnehmung, Geduld und Verstehen. Dazu musst du dein Tempo herunterfahren und etwas inneren Raum zulassen. Sich um seine Pflanze zu kümmern, kann daher wie Meditation empfunden werden. Eine Meditation, die Körper, Geist und vor allem dein Energielevel unterstützt.

Achtsamkeitsübung „Büropflanze"

Suche zunächst nach einem passenden Platz für deine Pflanze in deinem Büro. Informiere dich über verschiedene Zimmerpflanzen und suche dir ganz bewusst eine Pflanze aus, die sich dort auch wohlfühlen kann. Achte also auf die Bedürfnisse an Wasser, Licht und Temperatur. Es geht nicht darum, was wir von den Pflanzen wollen. Es geht darum, was die Pflanze von uns braucht.

Baue dir ein regelmäßiges Pflegeritual in deinen Arbeitsalltag ein, einen bestimmten Pflanzentag in der Woche. An dem Tag werden mal welke Blätter entfernt, mal die Erde aufgelockert und manchmal gibt es vielleicht etwas Dünger. Und dann beginne zu beobachten. Achte darauf, wie deine Pflanze wächst, nimm ihre typischen Eigenschaften wahr – die Blätter, die Stängel, die Farbe, den Geruch. Spüre mit jedem Tag mehr die Freude und innere Ruhe, die dir deine Pflanze schenkt und, wenn du sie verstanden hast, dann wird sie wachsen und dich lange auf der Arbeit begleiten.

Auf deinem Weg wirst du immer mehr verinnerlichen, dass die Pflege deiner Pflanze Aufmerksamkeit, Respekt, Verständnis und Empathie erfordert. Genau die Dinge, die es auch für eine gute Beziehung unter Kollegen, im Team oder in der Mitarbeiter-Vorgesetzten-Beziehung braucht. So kannst du durch die Pflege deiner Pflanze lernen, mit dir selbst, anderen Menschen und der Natur wieder besser umzugehen.

3.5 Kreativität

> „Kreativität entsteht in der Stille." –
> ECKHART TOLLE

Wir leben und arbeiten in einer Welt, in der nichts mehr wirklich beständig ist. Unsicherheit und ständiger Wandel kennzeichnen unseren Arbeitsalltag und haben einen großen Einfluss auf Unternehmen, die sich ständig neu orientieren und flexibel auf die Veränderungen seitens des Marktes reagieren müssen. Kreativität ist daher in unserer Zeit eine zentrale Schlüsselkompetenz, die in der Arbeitswelt der Zukunft eine immer größer werdende Rolle spielen wird.

Kreativität wird vielfach noch mit Kunst, Literatur, Musik oder kreativen Berufen verbunden, aber Kreativität hat viele Formen. Ob in der Wissenschaft, in handwerklichen Berufen, Architektur, in der Küche oder im ganz normalen Arbeitsalltag: Kreativität kommt in den unterschiedlichsten Bereichen vor. Auch wenn wir es uns nicht unmittelbar vorstellen können, ist bei jedem von uns Kreativität fester Bestandteil der Arbeit. Nicht nur bei denen, die designen, texten, entwerfen oder gestalten. Kreativität bedeutet vor allem Problemlösung. Und jeder von uns muss selbst im Privatleben ständig irgendwelche Lösungen für aufkommende Probleme finden. Unternehmen können sich nur weiterentwickeln und langfristig am Markt bestehen, wenn sie immer wieder Innovationen hervorbringen. Das bedeutet, für bestehende Kundenprobleme genau die richtigen Lösungen bereitzustellen oder etwas völlig Neues zu erschaffen.

Die weit verbreitete Meinung, dass Kreativität eher in künstlerischen Berufen vorkommt, führt vielfach noch dazu, dass wir denken, wir selbst sind nicht kreativ. Doch wir sind alle kreativ, wir haben diesen Muskel nur lange nicht trainiert und uns entweder selbst eingeredet, dass wir diese Fähigkeit nicht besitzen, oder der kreative Prozess wurde durch Strukturen und Richtlinien im Unternehmen so lange erstickt, bis er gänzlich verschwunden ist.

Der ganze Stress und Druck in unserem Alltag führen zusätzlich dazu, dass unser Gehirn, welches 20% unserer gesamten täglichen Energie verbraucht, immer öfter in den Stromsparmodus schaltet und den Autopiloten aktiviert. Doch der Autopilot unseres Denkens führt uns immer wieder in gewohnte Denkmuster, während Kreativität der Fähigkeit bedarf, dass unser Gehirn das vorhandene Wissen auf eine neue Art und Weise miteinander kombiniert oder komplett davon ablässt.

Um mit der Schnelligkeit unserer heutigen (Arbeits-)Welt zurechtzukommen, benötigen wir vor allem geistige Flexibilität, das Herz eines Entdeckers und die Augen eines Kindes. Dabei kramen wir in der Schatzkiste der Erfahrungen und produzieren aus dem, was wir sehen, im Idealfall für alles die passende Lösung. Doch oft sieht es in der heutigen Arbeitswelt ganz anders aus. Es erinnert viel an den Film „Und täglich grüßt das Murmeltier" mit Bill Murray. Für Unternehmen bedeutet das langfristig jedoch den Tod und ich denke, niemand kann wirklich Spaß bei seiner Arbeit empfinden, wenn er jeden Tag immer und immer wieder das Gleiche erlebt.

Unser Gehirn ist so konstruiert, dass es sich schnell an Veränderungen in unserer Umgebung anpasst. Man bezeichnet das als Gewöhnungseffekt. Je vertrauter etwas ist, umso weniger Energie verwendet unser Gehirn darauf. Je öfter wir etwas wiederholen, desto besser können wir das Ergebnis vorhersagen – und das optimiert unser Handeln. Vertrautheit macht aber auch gleichgültig, unsere Aufmerksamkeit, aber vor allem der Spaß an dem, was wir tun, lassen nach. Vorhersehbarkeit ist für unseren Denkapparat beruhigend, doch unser Gehirn sucht gleichzeitig ständig auch das Neue. Wir Menschen sind Entdecker. Wir lieben Überraschungen, mögen Neues, brauchen Veränderung. Genau aus diesem Grund hat Kolumbus

Amerika entdeckt. Und deswegen grenzen wir uns durch unterschiedliche Kleidungsstile oder Frisuren von anderen Menschen ab.

Da unsere körpereigene Intelligenz immer nach einem Gleichgewicht strebt, sucht auch unser Gehirn ein Gleichgewicht zwischen Vertrautem und Neuem. Und nur ein gut gemixter Cocktail aus beidem macht unser Leben wirklich spritzig.

Um wieder etwas Farbe ins Leben zu lassen, ist es wichtig, zu verstehen, wie Kreativität entsteht und wie man sie gezielt fördern kann. Unser Gehirn besteht aus Milliarden von Nervenzellen. Diese sind nicht fest miteinander verdrahtet, sondern können sich während unseres gesamten Lebens immer wieder neu verknüpfen und immer wieder neue Trampelpfade anlegen. Dies erlaubt uns eine enorme geistige Flexibilität. Unsere Gehirnzellen stehen dabei in einer lebhaften Kommunikation zueinander, tauschen sich aus und verhandeln untereinander. Dieser Austausch ist die neurobiologische Grundlage unserer Kreativität. Bestimmte Fähigkeiten sind zwar auf bestimmte Hirnregionen beschränkt, aber Kreativität ist ein ganzheitlicher Prozess, bei dem das gesamte Gehirn beteiligt ist. Sie entsteht im Zusammenspiel weit voneinander entfernter neuronaler Netze, die sich verbinden und neu verknüpfen. Und genau hier setzen Achtsamkeit und Meditation an, da sie uns helfen, dass sich unser Gehirn besser vernetzt und wir wieder lernen, mit dem gesamten Gehirn zu denken. Gleichzeitig ist Kreativität ein Prozess, der aus einem Wechsel aus fokussierter Aufmerksamkeit und Nicht-Denken entsteht. Beides sind Zustände, die durch Achtsamkeit ermöglicht und ausgebaut werden.

Kreativität ist nichts, was in unserem Bewusstsein abläuft. Unser Unterbewusstsein ist Ort unserer Kreativität. Hier entstehen unsere Ideen und das oftmals sogar Stunden oder Tage, bevor diese Idee in unseren bewussten Verstand vordringt. Auch lässt sich Kreativität nicht einfach so auf Knopfdruck abrufen. Es gibt viele Methoden und Techniken, wie man Kreativität in Unternehmen fördern kann, doch sie haben oft den Nachteil, dass sie mit Aufwand in einer bestimmten Situation angewendet werden müssen. Achtsamkeit hingegen lässt unseren Kreativitätsmuskel dauerhaft wachsen. Regelmäßiges Achtsamkeitstraining verändert die neuronale Struktur des Gehirns dahingehend positiv, dass sich die Neuronen besser miteinander verbinden und viel enger zusammenarbeiten. Das führt dazu, dass kreative Ideen oftmals einfach so aus uns herauspurzeln und ein völlig normales Element im Leben werden.

Die, wenn auch nur sehr kurzen Phasen des Nicht-Denkens, während der Meditation oder Achtsamkeitsübungen schaffen hierfür einen Raum, in dem Neues entstehen kann. Je länger und regelmäßiger unsere Praxis ist, je größer wird dieser Raum und umso weiter sind wir von unseren alten Denkmustern entfernt. Der Vorteil an dieser gewonnenen Flexibilität ist, dass sich Kreativität als grundlegende Fähigkeit in unseren Alltag integriert. Die bessere Vernetzung unseres Gehirns schafft eine Kreativität, die uns flexibel hält und unser Leben gleichzeitig bunter macht.

Stress und der damit oft verbundene Autopilot-Modus macht vor allem eins: unkreativ. Wenn es um Kreativität geht, dann sind Fokus und Nichtstun sicherlich das Sinnvollste, was wir unserem Gehirn schenken können. Gerade aus diesem Wechselspiel heraus entstehen Innovationen. Wenn der Kopf ständig plappert und wir gar nicht wissen, was wir zuerst tun sollen, kann auch kein Platz für Neues sein. Doch was bedeutet Nichtstun? Ist es das Gleiche wie Nichts tun? Irgendwie klingt es gleich und doch macht es in der Achtsamkeitspraxis einen großen Unterschied aus. Wenn wir Nichtstun, dann lesen wir ein Buch, hören Musik oder lesen Nachrichten auf dem Handy. Es ist eine Zeit, in der wir nicht produktiv sind und passiv konsumieren. Nichts tun bedeutet hingegen, tatsächlich nichts zu tun. Einfach nur zu sein. Bei Nichts tun lassen wir die Stille zu, die entsteht, während wir nichts tun. Und genau dieser Unterschied ist enorm wichtig, um Achtsamkeit und Kreativität in unser Leben zu lassen.

Kreativität ist ein unterbewusster Verarbeitungsprozess, bei dem unsere Ideen aus dem Nichts tun heraus entstehen und wie aus dem Nichts vor unserem geistigen Auge erscheinen. Ich denke, jeder kennt diesen Effekt, wenn er unter der Dusche steht, im Auto sitzt oder spazieren geht und auf einmal macht es wie aus dem Nichts Klick. Kreativität entsteht jedoch auch, wenn wir die Dinge mit einer Art Anfängergeist betrachten. Wenn wir mit den Augen eines Kindes, ohne vorgefertigte Meinungen und Erwartungen ein Problem betrachten, dann entstehen daraus unglaublich kreative Ansätze. Dieser Anfängergeist bedeutet für mich auch Potenzialentfaltung. Durch unsere Erfahrung greifen wir oft nur auf die Fähigkeiten zurück, die wir seit Jahren effektiv einsetzen oder die von Unternehmen gemäß unserer Stellenbeschreibung gefordert werden. Durch den Anfängergeist greifen wir jedoch wieder auf tief verwurzelte Eigenschaften und Potenziale zurück, die wir ggf. seit Jahren vernachlässigt haben, die aber in der sich immer schneller wandelnden Arbeitswelt, gerade heute, wieder benötigt werden.

Eine gute Übung, seine Kreativität für eine bestimmte Problemstellung anzuzapfen, ohne sich dabei an alten Denkmustern festzubeißen, ist die nachfolgend vorgestellte Übung, bei der wir versuchen, unser Unterbewusstsein zu aktivieren. Ich selbst habe eine große Glaswand in meiner Wohnung, wo ich diese Übung regelmäßig anwende. Ich schreibe die Frage zu einem Problem auf und warte, bis mir die Lösung wie aus dem Nichts plötzlich von ganz allein in den Kopf schießt.

Übung „Aktiviere dein Unterbewusstsein"

Schreibe eine Frage, für die du eine Lösung brauchst, auf einen Zettel, Flipchart oder Whiteboard. Diese könnte etwa lauten: „Wie kann ich die Kosten im Bereich xy reduzieren?" oder „Mit welcher Aussage kann ich Kunde xy am besten für mich gewinnen?" Wenn du das Problem, für das du eine Lösung suchst, klar benannt hast, lasse los. Wenn wir uns weiter der Problemlösung widmen, wird unser Unterbewusstsein nicht aktiv, also gib den Dingen Zeit. Dein Unterbewusstsein hat einen Auftrag erhalten und wird sich um den Rest kümmern, ohne dass du ständig einwirken musst. Mache eine Meditation, einen Spaziergang, Sport oder ein Nickerchen. Wenn es dir schwerfällt, loszulassen, schlafe vielleicht 1-2 Nächte darüber und lass etwas Zeit vergehen. Manchmal wirst du morgens aufwachen und die Antwort schießt dir wie aus dem Nichts in den Kopf. Wenn nicht, dann nimm dir einen Zettel und schreib einfach wahllos auf, was dir dazu in den Verstand kommt. Falls du merkst, dass du immer noch in alten Denkgewohnheiten verdrahtet bist, dann gib dir einfach noch ein wenig Zeit und versuche es zu einem späteren Zeitpunkt noch einmal.

Mittlerweile hat sich die Wissenschaft viel mit dem Einfluss von Achtsamkeit auf unsere Kreativität beschäftigt. Studien konnten zeigen, dass verschiedene Stile der Achtsamkeitsmeditation sich unterschiedlich auf unsere Kreativität auswirken. Hier hat sich herausgestellt, dass die Meditation des offenen Gewahrseins, also eine offen-beobachtende Meditation, divergentes Denken und damit unsere Kreativität fördert. Man nennt diese Meditation auch Vipassana- oder Achtsamkeitsmeditation. Während wir bei der Aufmerksamkeitsmeditation den Fokus auf einen Ankerpunkt, wie etwa unseren Atem oder die Ausführung einer Bewegung, legen, ist unser Fokus bei der Achtsamkeitsmeditation offen. Wir wenden uns allem zu, was in unserem Geist auftaucht – egal ob es Gedanken, Gefühle, Geräusche, Gerüche oder Körperempfindungen sind. Wir beobachten diese Dinge, ohne uns daran festzubeißen, zu bewerten oder aus der Ruhe bringen zu lassen. Wir nehmen wahr und lassen sofort wieder los.

Bei der Meditation des offenen Gewahrseins werden oftmals beide Meditationsformen gemischt. Man beginnt zunächst mit einer Fokussierung auf den Atem, wechselt dann zum offenen Gewahrsein und schließt die Meditation wieder mit einer Fokussierung auf den Atem ab. Es ist daher sinnvoll, zunächst die Aufmerksamkeitsmeditation zu beherrschen. Für Anfänger kann es weiterhin sinnvoll sein, die Dinge, die während des offenen Gewahrseins in unserem Geist auftauchen, zu benennen und dann wieder ziehen zu lassen. Das könnte etwa so aussehen: Protokoll erstellen ... Chef anrufen ... Schmerzen ... Langeweile ... Hunger ... Annehmen ... und so weiter.

Eine weitere tolle Möglichkeit ist, über das Hören einen Zugang zum offenen Gewahrsein zu finden. Wir sind für alles offen, was wir mit unseren Ohren hören. Bei mir hat dies meinen Gehörsinn so extrem trainiert, dass ich mittlerweile Dinge höre, die manch andere Menschen nicht mal mit größter Anstrengung wahrnehmen. Hierfür empfiehlt es sich besonders, in der freien Natur zu meditieren.

Übung „Vipassana-Meditation"

Komme in deine gewohnte Meditationshaltung, sorge für eine ruhige Atmosphäre und stelle einen Timer, sodass du dich entspannt auf deine Meditationszeit konzentrieren kannst. Schließe die Augen und atme bewusst 2-3-mal tief ein und aus. Beginne nun, dich für ein paar Minuten auf deine Atmung zu konzentrieren, so wie du es in der Fokus-Meditation gelernt hast. Löse dich dann von der Fokussierung auf deinen Atem und lasse dein Bewusstsein weit werden. Alles, was von jetzt in dein Bewusstsein gelangt, ist erlaubt. Es gibt keine Grenzen – egal ob Gedanken, Gefühle, Geräusche, Gerüche oder Empfindungen in deinem Körper. Beobachte alles mit Neugier, so wie ein Kind, wenn es etwas völlig Neues sieht. Vermeide Urteile oder Kommentare, es geht lediglich um die Beobachtung. Versuche, auch nicht aufkommende Gedanken weiterzuspinnen, wie einen Film, den du anfängst, in deinem Kopf zu drehen. Lasse alles einfach nur kommen und gehen.

Falls du bemerkst, dass du dich an Gedanken festbeißt, dann kannst du dich wieder kurz auf deine Atmung konzentrieren und dann wieder zum Offenen-Gewahrsein zurückkehren.

Nach einer gewissen Zeit kannst du wieder zur Atem-Meditation wechseln oder du lässt dein Gewahrsein einfach so lange offen fließen, bis der Timer sich bemerkbar macht. Atme dann noch 2-3-mal bewusst ganz tief ein und aus. Strecke und dehne dich und bedanke dich bei dir selbst für diese wundervolle Zeit.

Zu guter Letzt gibt es noch ein paar Tipps, mit denen wir unseren Kreativitätsmuskel weiter stärken können oder die ein kreatives Umfeld fördern.

Tipps für mehr Kreativität am Arbeitsplatz

- Wissenschaftler haben herausgefunden, dass ein Spaziergang die Kreativität um 60% steigert. Wenn du also einen Denkanstoß brauchst oder nach einer Lösung für ein Problem suchst, dann gehe in der Mittagspause allein und ohne Handy spazieren.
- Wenn du bei einem Problem nicht weiterkommst, kann es ebenfalls helfen, wenn du dich einer anderen Aufgabe widmest.
- Wenn dir keine gute Lösung für ein Problem einfällt, dann stelle dir die Frage: „Warum nicht?" Versuche dann, möglichst viele Gründe zu finden, die dagegen sprechen. Diese Kreativitätstechnik hebt geistige Verspannungen auf und kann zu kleinen unerwarteten Geistesblitzen führen.
- Egal wie kreativ du auch sein magst: Wenn du ausgebrannt bist und keine Energie mehr hast, stirbt auch deine Kreativität. Achte also immer auf deinen Energiehaushalt.
- Dopamin wirkt sich ebenfalls positiv auf unsere Kreativität aus. Es bringt sicherlich keine neuen Ideen, aber die Stimmung hebt sich, die Motivation steigt und das macht in Summe kreativer. Gute Laune wirkt sich immer positiv auf unsere Kreativität aus. Gönne deinem Gehirn also ab und zu auch mal eine Banane oder ein Stück Schokolade.
- Wir sind umso kreativer, je ruhiger unsere Umgebung ist, in der wir arbeiten. Sofern es der Arbeitsplatz nicht zulässt, können hier Kopfhörer mit Geräuschunterdrückung sehr hilfreich sein.
- Der Tod jedes kreativen Prozesses sind der Vergleich und die Bewertung mit anderen. Hör auf, deine Ideen mit anderen zu vergleichen und lasse sie einfach fließen, ohne sie einer Bewertung oder einem Vergleich zu unterziehen.
- Seit ich mich mit Achtsamkeit beschäftige, habe ich immer ein kleines Notizbuch bei mir. Diese spontanen Ideen, die wie aus dem Nichts aus unserem Unterbewusstsein schießen, sind in unserem hektischen Alltag leider auch sehr schnell wieder vergessen. Daher schreibe ich mir alles sofort auf, so dass auch nichts verloren geht.

- Nicht jede Idee ist gut, daher lohnt es sich, immer ein paar Alternativen in der Hinterhand zu haben. Ich habe es immer Plan A, B und C genannt. Wenn du deinem Chef eine Lösung präsentierst, wird sie vielleicht nicht immer direkt auf Zuspruch stoßen. Es lohnt sich daher, immer Alternativen parat zu haben. Risikobereitschaft und Mut, auch mal zu scheitern, gehören ebenfalls dazu.
- Führungskräfte sollten sich immer Zeit für Ideen ihrer Mitarbeiter nehmen und sie nicht einfach abtun. Das ist der Killer von Innovationen und Motivation. Jedes Mal, wenn ich in einem neuen Unternehmen angefangen habe zu arbeiten, habe ich immer wieder gehört, meine Ideen werden sofort abgetan. Und das oft von langjährigen Mitarbeitern, die oft besser als jede Führungskraft im Thema steckten.
- Gewohnheiten und Routinen wirken sich eher hinderlich auf Kreativität aus. In Unternehmen ist der schlimmste Satz in diesem Kontext: „Das haben wir schon immer so getan." Unternehmen und Führungskräfte sollten immer wieder versuchen, Routinen zu durchbrechen. Nur so lassen sich auch neue Denkroutinen entwickeln.
- Führungskräfte und Unternehmen sollten für mehr Kreativität in Unternehmen auch eine Fehlerkultur zulassen. Fehler sind nichts Negatives: Sie helfen, neue Ansätze zu entwickeln. Wenn Mitarbeiter eine zu große Angst davor haben, Fehler zu begehen, werden sie ihren Kreativitäts-Muskel irgendwann nicht mehr nutzen.
- Farben wirken sich ebenfalls auf unsere Kreativität aus. Unternehmen können kreatives Denken fördern, indem sie Wände in Orange oder Blau streichen, auch Gelb wirkt sich förderlich aus, da es die Stimmung aufhellt, die Konzentration fördert und das Nervensystem anregt.

3.6 Motivation

> „Wenn du deiner Leidenschaft folgst,
> wirst du erfolgreich sein." –
> STEVE JOBS

Neben unseren grundlegenden Bedürfnissen wie Essen, Trinken, Schlafen oder Fortpflanzung ist Belohnung der Hauptantrieb unseres Gehirns. Wenn irgendetwas in unserem Gehirn zu einer Belohnung geführt hat, dann erzeugt ein Motivationssystem einen inneren Antrieb und wir wollen mehr davon. Diese Belohnung müssen wir nicht selbst erlebt haben. Unser Gehirn unterscheidet nicht wirklich zwischen eigenen Erfahrungen oder Dingen, die wir uns vorstellen oder von denen wir lediglich gehört haben. So redet uns unsere Gesellschaft gern ein, dass Geld und Erfolg glücklich machen, und so wird unsere Belohnungssystem im Gehirn aktiviert und wir sind zumindest temporär motiviert.

Motivation ist der Antrieb unseres Handelns. Sie lässt uns weitermachen, wenn es leichter wäre, aufzugeben, oder wenn wir an unsere eigenen Grenzen gelangen. Antreiber sind ein Ziel, eine Vision, ein klares Warum. Dieses Warum hilft uns, mit Hindernissen flexibel umzugehen und immer wieder neuen Mut zu schöpfen. Doch hierzu ist es zunächst wichtig, zu wissen, was uns wirklich antreibt, was unsere wahre innere Motivation ist. Und genau hier ist das Problem, denn vielen ist dieses Warum nicht wirklich klar. Wir glauben oft, diese innere Motivation zu kennen, doch entspringt sie nur selten unserem innersten Sein und wird eher von äußeren als von inneren Faktoren geleitet. Deine innere Motivation entsteht ganz sicher nicht durch ein hohes Gehalt, Boni oder Incentives. Sie ist tief in uns verwurzelt und lässt sich nicht auf Knopfdruck durch Vorgesetzte oder Unternehmensleitlinien verordnen. Allenfalls ist sie nur kurzfristiger Natur und wird uns nie zu wirklichem Glück, innerer Zufriedenheit, Erfolg und Spaß im Job verhelfen.

Jeder von uns hat in beruflicher und privater Hinsicht eine tief verwurzelte Motivation, ein unbewusstes oder bewusstes Ziel oder einen Traum, den er verwirklichen will. Diese Motivation lenkt uns durchs Leben, bewertet und priorisiert unser Denken und Handeln. Umso wichtiger ist es, sich dieser Motivation bewusst zu sein, sonst lenkt sie uns in eine falsche Richtung und klaut uns kostbare Lebenszeit und Energie. Nach meinem Studium war meine Motivation, Karriere zu machen, weil ich mir eingeredet hatte, dass ich es mir und anderen beweisen muss und weil ich der Illusion verfallen bin, dass Geld und Erfolg glücklich machen. Diese Motivation hat mich beruflich zwar weitergebracht, doch hat sie mich auch viel Kraft und Zeit gekostet und mich immer mehr von mir selbst entfernt. Dieser Weg entsprach nicht meinem tiefsten Warum. Daher bin ich auch irgendwann an einem Punkt gekommen, wo ich begriffen hatte, dass diese Motivation mir einen falschen Weg gewiesen hat.

Durch Achtsamkeit lernen wir, durch die Illusion des Erfolges hindurch zu blicken. Irgendwann sehen wir den Preis, den dieses Leben fordert, und spüren den Druck, das alles aufrechtzuerhalten. Wenn wir die Brille der Achtsamkeit aufsetzen und die negativen Seiten in uns und anderen wahrnehmen, dann öffnet sich ein neuer Zugang zu unserer eigenen Motivation. Wir lernen, unsere wahren Antreiber klarer zu sehen und wieder aus der tief verbuddelten Kiste unserer ureigenen Träume hervorzukramen. Auf diese Weise habe ich begriffen, dass Geld, Anerkennung und Status nichts mit Glück zu tun haben, obwohl mir das immer wieder so propagiert wurde. Meine eigentliche Motivation war es immer, Menschen dabei zu helfen, erfolgreicher zu sein, sie stark zu machen, zu motivieren und ihnen zu helfen, ihr volles Potenzial zu entfalten. Genau das war es, was mir als Führungskraft immer am meisten Spaß gemacht hat und was mich unbewusst angetrieben hat. Doch jede Führungskraft weiß, dass genau für diese Führungsaufgabe oft am wenigsten Zeit verbleibt.

Gerade in Unternehmen werden wir immer wieder durch irgendwelche Incentive-Programme gelockt, die unsere Motivation anregen sollen. Im Vertrieb sind erfolgsabhängige Provisionen Bestandteil jeder Vergütung. Doch wer gern arbeitet, sich in seinem Job wohlfühlt und einen Sinn in dem sieht, was er tut, der braucht nicht durch äußere Anreize motiviert zu werden. Oftmals wirkt es sich sogar kontraproduktiv auf die Motivation aus. Ein Großteil der Mitarbeiter im Vertrieb fährt seine Leistung bewusst herunter, sobald die im Vertrag verankerte Provision erreicht ist. Unter dieser Einstellung leiden oft nicht nur Kunden: Es wirkt sich auch negativ auf die Motivation anderer Mitarbeiter im Unternehmen aus, die nicht über ein derartiges Bonussystem verfügen. Ich war daher immer für die Abschaffung dieser Systeme, konnte mich gegen diese alten Denkweisen und Ansätze jedoch leider nie durchsetzen. In meinen Augen ist es die Aufgabe einer Führungskraft, die Motivation des Teams, aber auch jedes einzelnen Mitarbeiters kontinuierlich zu steigern, und zwar dadurch, dass man Mitarbeitern ein Umfeld bietet, wo es Spaß macht, zu arbeiten, und wo man sich selbst voll entfalten kann. Doch das bedeutet, sich Zeit zu nehmen, damit man die Stärken jedes Einzelnen erkennen und ihm so Aufgaben zuteilen kann, wo er sich entfalten und stetig wachsen kann. Nur leider wird Führung in den meisten Unternehmen noch komplett falsch verstanden und so bin ich dieser Aufgabe gefühlt eher in meiner Freizeit nachgegangen. Spaß an dem, was wir tun, Verbundenheit und Zugehörigkeit sind viel stärkere Motivatoren als jedes Incentive-Programm. Doch dies erfordert Zeit für den Mitarbeiter und das Team, was Führungskräften nur selten zugestanden wird.

Je besser wir unsere eigenen Motivatoren kennen und je mehr wir danach leben, desto mehr Spaß und Erfolg werden wir im Job haben. Um zu unseren tiefsten Motivationen vorzudringen, ist es vor allem wichtig, ehrlich zu sich selbst zu sein und Erwartungen oder Vorgaben anderer Menschen sowie negative Motivatoren wie Angst, seinen Job zu verlieren, oder Scham, etwas falsch zu machen, auszublenden. Diese negativen Motivatoren können unser Unterbewusstsein derart manipulieren, dass wir von unserer eigentlichen Motivation ablassen. Die bereits genannten Schlüsselkompetenzen wirken alle positiv auf diesen Prozess ein und helfen uns, zu unserer wahren inneren Motivation vorzudringen.

Um unsere tief verwurzelte Motivation zu erkennen, eignet sich das Instrument der Visualisierung. Unsere Motivation ist immer an ein Ziel geknüpft. Mittels Visualisierung und Meditation kannst du dich mit deinem Ziel verbinden, es sehen, fühlen und durch deine Intuition hören. So wirst du spüren, ob es richtig ist und dass du es erreichen kannst. Visualisierung wird sehr oft im Sport, aber auch von erfolgreichen Unternehmern eingesetzt. Sie fördert nicht nur unsere Motivation und unseren Willensmuskel, sie regt auch unsere Kreativität an und gemäß dem Gesetz der Anziehung hilft es, seine Visionen auch in sein Leben zu ziehen.

Übung „Visualisierung"

Setze dich bequem hin und achte darauf, für die nächsten Minuten ungestört zu sein. Stelle dir einen Timer auf max. 10min und atme 2-3-mal bewusst tief ein und aus. Schließe nun deine Augen und zähle deinen Atem, wie du es in der Atem-Meditation gelernt hast, bis 10. Dann stelle dir dein Ziel, das dich motiviert, so detailliert wie möglich vor, als wenn du es schon erreicht hättest. Wie fühlt es sich an? Spürst du tief in dir eine Zufriedenheit, das Gefühl, angekommen zu sein? Gibt es spezielle Körperempfindungen oder merkst du Zweifel oder gibt es Stimmen, die gegen etwas sprechen? Wenn die Zeit vorbei ist, atme nochmal bewusst 2-3-mal tief ein und aus, strecke dich und öffne die Augen. Was fühlst du?

Du kannst den Prozess unterstützen, wenn du direkt im Anschluss deine Erkenntnisse in deinem Tagebuch reflektierst und diese Visualisierung regelmäßig wiederholst. Wenn es stimmig bleibt, dann ist es dein Weg.

Es gibt mittlerweile Berichte, die davon ausgehen, dass sich Achtsamkeit negativ auf unsere Motivation auswirkt. Die Ergebnisse kann ich nicht wirklich nachvollziehen. Ein Glücksgefühl ist immer mit einem entsprechenden Motivationsschub verbunden, beides ist neurobiologisch aneinandergekoppelt. Wir sind zu neuen Anstrengungen motiviert, um diesen Moment des Glücks zu wiederholen. Dieses System der Kopplung von Glück bzw. Belohnung und Motivation war für die menschliche Entwicklung sehr wichtig, da es uns über die Befriedigung der grundlegenden Bedürfnisse wie Nahrungsaufnahme oder Fortpflanzung zu immer neuen Ideen angespornt hat. Es sorgt dafür, dass alles, was wir lernen und was wir uns wünschen, unter dem Aspekt einer möglichen Belohnung gesehen wird, die dafür rausspringen könnte. Nicht jede Meditation ist gleich, aber in den überwiegenden Fällen empfinde ich danach Power und innere Zufriedenheit, was mich immer wieder dazu motiviert, weiter zu trainieren. Auch auf meine Arbeit hat sich Achtsamkeit, was meine Motivation angeht, nicht negativ ausgewirkt. Die gute Laune nach einer Meditation lässt mich jedes Mal mit wesentlich mehr Spaß an die Sache gehen – und das auch bei Aufgaben, vor denen ich mich früher gern gedrückt habe.

Was ich bestätigen kann, ist, dass unser Motivationssystem auch Nachteile hat. Zum einen ist es manipulierbar. So können Alkohol oder Drogen ein ähnliches Glücksgefühl erzeugen, was uns letztendlich aber schadet und wenig zweckdienlich ist. Zum anderen ist unsere Motivation auch von unseren Emotionen abhängig. Und genau diese kommen und gehen, gerade dann, wenn man noch am Anfang seiner Achtsamkeitsreise ist. Um in solchen Zeiten, egal ob es um das Projekt Achtsamkeit, deine beruflichen Ziele oder private Träume geht, trotzdem bei der Stange zu bleiben, ist es wichtig, eine Vision zu haben. Diese Vision hilft uns in Zeiten, wo es mit der Motivation mal etwas schwerer ist, neue Kraft zu schöpfen und uns nicht von unseren Emotionen aus der Bahn werfen zu lassen. Hierfür eignet sich ein Vision Board. Ein Vision Board ist eine Collage und stellt alles dar, was dich motiviert und wonach du strebst. Es geht darum, deine innersten Motivationen, die du mit der Visualisierung identifiziert hast, bildlich darzustellen. Wann immer deine Motivation ins Wanken gerät, solltest du dir dein Vision Board zur Hand nehmen und neue Motivation daraus schöpfen. Vision Boards sind sehr effektiv, weil Bilder sich direkt in unserem visuellen System verankern, ohne einen Umweg über das bewusste Denken zu gehen.

Tipps für dein Vision Board

- Der Zeitraum deines Vision Boards sollte sich maximal auf 1-2 Jahre beschränken und immer wieder an mögliche Veränderungen in deinem Leben angepasst werden.
- Die Größe deines Vision Boards ist dir selbst überlassen, ob im DIN-A4-Format oder DIN-A3: Entscheide dich für das Format, wo du dich selbst am wohlsten fühlst.

- Als Bildquelle kannst du auf Zeitschriften oder das Internet zurückgreifen. Der Effekt im Gehirn ist jedoch wirkungsvoller, wenn du auch deinen Tastsinn mit einbeziehst, der aktiviert wird, wenn du durch eine Zeitschrift blätterst.
- Verwende überwiegend Bilder, Ausnahme sind Zahlen, wenn es z. B. um dein zukünftiges Gehalt geht.
- Wenn du alle Bilder gefunden hast, die deine Vision repräsentieren, dann beginne, die Bilder auf ein Blatt Papier oder Pappe zu kleben. Verlasse dich ganz auf dein Bauchgefühl und zentriere die Punkte, die dir am wichtigsten sind, direkt in der Mitte. Weiterhin empfiehlt es sich, die Bilder thematisch zu ordnen.
- Wenn du deine Collage erstellt hast, lege sie für eine Woche weg und betrachte sie dann wieder. Wenn irgendetwas nicht mehr stimmig ist, passe es an und wiederhole den Prozess so lange, bis dein Bauch dir sagt: „Das ist mein Vision Board."
- Platziere dein Vision Board so, dass du es jeden Tag sehen kannst. Du kannst dir auch ein Bild davon mit deinem Handy machen, sodass du es dir in schwierigen Situation, z. B. auch auf der Arbeit anschauen kannst, oder wenn du nicht möchtest, dass es andere sehen.

Genau wie wir in unserer digitalen Welt von unserer Arbeit abgehalten werden, gibt es auch für unser Motivationssystem typische De-Motivatoren, die uns oft davon abbringen, unseren Weg zu gehen. Einige davon habe ich in der folgenden Liste aufgeführt. Nimm dir einmal bewusst Zeit und identifiziere deine De-Motivatoren. Generell gilt, dass wir versuchen sollten, alles, was uns von unseren Zielen ablenkt, auf ein Minimum einzuschränken.

Typische De-Motivatoren

- Soziale Medien, da man sich nur mit anderen vergleicht. Gleichzeitig fällt es uns schwer, unsere eigene Stimme der Motivation zu hören, wenn wir uns die ganze Zeit mit den Problemen und Meinungen anderer beschäftigen.

- ❦ Negative Menschen oder Schwarzseher in unserem Umfeld, die uns runterziehen. Versuche, ihnen, so gut es geht, aus dem Weg zu gehen.
- ❦ Alkohol, Drogen und andere Alltagssüchte, da sie unsere wahre Motivation überdecken.
- ❦ Zu hohe Erwartungen, Perfektionismus und Druck, den wir oft selbst erzeugen.

Führungskräfte sollten Mitarbeitern Entscheidungsspielraum lassen, klare Ziele setzen, offen kommunizieren, Fehler eingestehen können und vor allem ihr Team wertschätzen. Ansonsten fördern sie Demotivation, was am Ende nicht nur ihnen, sondern auch dem ganzen Unternehmen schadet.

3.7 Resilienz

„Inmitten der Schwierigkeiten liegt die Möglichkeit." –
ALBERT EINSTEIN

Resilienz bezeichnet unsere psychische Widerstandskraft, unsere Fähigkeit, das Leben mit allen Höhen und Tiefen, die auf uns zukommen, durchzustehen, immer wieder aufzustehen und aus allem etwas Positives zu gewinnen. Dabei ist Resilienz sicherlich die Schlüsselkompetenz, die in der Arbeitswelt in den letzten Jahren am meisten an Bedeutung gewonnen hat. Dies liegt sicherlich darin begründet, dass die Zahl der durch Stress und Druck hervorgerufenen Kranken- und Fehltage, seit Jahren kontinuierlich steigt und damit zu einem großen Kostenfaktor für Unternehmen wird. Resilienz wird daher vielfach vom betrieblichen Gesundheitsmanagement empfohlen, um die Widerstandskraft und Gesundheit der Mitarbeiter und Führungskräfte zu verbessern.

Die starke Verbreitung und die Anerkennung von Resilienz in Unternehmen liegt sicher auch darin begründet, dass Resilienz nicht zwangsläufig mit Achtsamkeit in Verbindung gebracht wird und somit wesentlich besser in der Arbeitswelt akzeptiert wird. Schließlich klingt dieser Begriff etwas hochtrabender und wird nicht sofort mit Hokuspokus assoziiert. Doch Resilienz ist eine Nebenwirkung der Achtsamkeit, d. h., wer Resilienz trainiert, trainiert bewusst oder unbewusst seinen Achtsamkeitsmuskel.

Achtsamkeit gilt als einer der wirkungsvollsten Stresskiller und das Erlernen des Annehmens hilft uns, auftretende Belastungen besser zu bewältigen und entsprechend zu steuern. Beides wirkt sich zusätzlich auf unsere Gesundheit aus, was wiederum einen entscheidenden Einfluss auf unsere Resilienz hat. Ein weiterer Effekt der Achtsamkeit, der sich auf unsere Resilienz auswirkt, ist das bessere Körperempfinden.

Jeder kennt dieses Gefühl: Wir wissen nicht genau warum, aber wir spüren, dass irgendwas mit uns nicht stimmt und wir vielleicht krank werden. Man spricht hier von der sog. Interozeption. Sie lässt uns fühlen und verstehen, was im Inneren unseres Körpers vor sich geht. Diese Innenwahrnehmung hilft uns, unseren eigenen Körper zu hören und Signale wie Hunger, Durst, Anspannung, Überbelastung oder das Gefühl, krank zu werden, zu verarbeiten.

Unsere Fähigkeit, die Signale unseres Körpers korrekt zu entschlüsseln, wird vor allem durch die Art und Weise beeinflusst, wie wir gelernt haben, bestimmte Arten unserer Gefühle zu beachten oder zu ignorieren. Wenn unsere Eltern zum Beispiel in solchen Fällen früher gesagt haben: „Du bist nicht krank" oder „Stell dich nicht so an", dann hat das eher dazu geführt, dass wir gelernt haben, diese Signale zu ignorieren.

Leider nehmen wir Signale wie „ich bin angespannt" oder „ich werde krank" oft erst viel zu spät wahr. Meist ist das Kind dann schon in den Brunnen gefallen. Je besser wir jedoch in der Lage sind, diese Signale unseres Körpers zu verstehen und richtig zu deuten, desto stärker wird die Verbindung zwischen Körper, Geist und Seele und damit unsere Fähigkeit, in dieser oftmals stressigen (Arbeits-)Welt fest verankert zu bleiben.

Grundsätzlich besitzt jeder von uns die angeborene Fähigkeit, seinen Körper wahrzunehmen. Oft haben wir es nur verlernt, die Signale zu hören. Oder das Geplapper in unserem Kopf ist so laut, dass der Körper nicht mehr durchdringen kann. Wenn wir die Signale besser deuten, treffen wir am Ende auch bessere Entscheidungen. Wir nehmen besser wahr, wann wir unsere Belastungsgrenze erreicht haben, und sind so eher in der Lage, umgehend mit den passenden Selbstfürsorgestrategien zu reagieren bzw. einen Gang runterzuschalten und uns so im Endeffekt vor uns selbst zu schützen.

Phasen hoher Belastung sind in Unternehmen an der Tagesordnung und das ist grundsätzlich auch ok. Jedoch habe ich es immer wieder erlebt, dass Unternehmen diese Belastungsphasen zu sehr ausdehnen und z. B. am Personal sparen. Das führt zu einer dauerhaften Überforderung der Mitarbeiter, weil Ruhephasen fehlen. Und so befinden sich Mitarbeiter und Führungskräfte in Phasen permanenter Überforderung, während Unternehmen die Anforderungen kontinuierlich weiter erhöhen. So wird es für Mitarbeiter immer schwieriger, ihre Grenzen zu erkennen, was am Ende zum Leistungsabfall und Burnout führt.

Gerade Führungskräfte profitieren besonders von einer verbesserten Innenwahrnehmung und der Fähigkeit, sich selbst und seine eigenen Grenzen besser einschätzen zu können. Ich habe es mehr als oft erlebt, dass gerade Manager neben sich standen, unter Druck nicht die Ruhe bewahren und ihre Emotionen regulieren konnten. Das wirkt sich negativ nicht nur auf das gesamte Team, sondern auch auf jeden einzelnen Mitarbeiter aus. Der Druck führt dazu, oftmals die falschen Entscheidungen zu treffen, während Resilienz dabei hilft, auch in stressigen Situationen einen klaren Kopf zu bewahren. Oftmals versuchen Führungskräfte, alles allein zu machen, und geraten dabei so an ihre Grenzen, dass irgendwann die Luft raus ist und sie nur noch negativ auf jeglichen Impuls ihrer Mitarbeiter reagieren bzw. selbst nur noch reagieren und nicht agieren. Ich denke, viele kennen dieses Phänomen, wenn man ein Problem oder eine Idee hat, an der Tür des Vorgesetzten klopft – und aus Mitleid oder Angst die Tür lieber gleich wieder wortlos schließt. Sicherlich hat jeder mal solche Tage, auch Führungskräfte sind Menschen, aber bei manchen ist es ein Dauerzustand, der niemandem wirklich guttut. Aus meiner Sicht ist es ein wesentliches Kennzeichen einer guten Führungskraft, seine eigenen Grenzen zu kennen und zu wissen, wann und mit wem sie in diesem Fall zusammenarbeiten müssen, um sich optimal zu ergänzen und so den besten Output zu erzielen.

Eine der kraftvollsten Techniken zur Steigerung der eigenen Körperwahrnehmung ist Yoga. Die langsamen und achtsamen Bewegungen im Yoga geben uns die Möglichkeit, uns und unseren Körper in der Bewegung zu spüren. Yoga erfordert von unserem Körper sehr viel Biofeedback. Die

Momente der Stille während der Übungen ermöglichen uns, dem Echo der Bewegung oder Position zu lauschen. Je stärker und präsenter wir während der Yoga-Übungen in unserem Körper verankert sind, desto ausgeprägter ist unsere Körperwahrnehmung. Mit einer regelmäßigen Praxis lernt man, sich immer weiter zu sensibilisieren und kann seine eigenen Grenzen so besser einschätzen.

Eine weitere, sehr wertvolle Übung, um seine Körperwahrnehmung zu verbessern, ist der Body Scan. Hierbei handelt es sich um eine bewusste Reise durch den Körper, bei der jedes einzelne Körperteil gescannt und beobachtet wird.

Übung „Body-Scan"

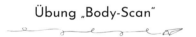

Stelle dir zunächst einen Wecker auf mindestens 10min und sorge dafür, dass du ungestört bist. Lege dich dann auf deinen Rücken und komme in eine entspannte Position (solltest du dich im Liegen nicht wohlfühlen, kannst du diese Übung auch in einer aufrechten Sitzposition durchführen). Du kannst die Beine ausstrecken oder leicht anwinkeln oder dir zur Unterstützung auch ein Kissen unter den Rücken legen. Deine Arme legst du ganz entspannt und locker neben dir ab. Atme nun bewusst 2-3-mal tief ein und aus und konzentriere dich für ca. 1min auf deine Atmung. Wenn es dir schwerfällt, zur Ruhe zur kommen, dann konzentriere dich ggf. etwas länger auf deinen Atem. Wenn du angekommen bist, fange an, die Aufmerksamkeit von außen auf deinen Körper zu lenken. Dafür beginnst du, ganz langsam und fokussiert deinen Körper gedanklich „abzutasten". Beobachte nur, ohne zu beurteilen. Beginne bei denen Zehen und stelle dir vor, wie deine Atmung von der Nase, über die Lunge, durch den Bauch bis zu deinen Zehen gelangt. Im nächsten Atemzug atmest du bis zu deiner Fußsohle, deinen Fußknochen, Schienbein, Unterschenkel, Oberschenkel uns so weiter, bis du am Scheitel deines Kopfes angelangt bist. Gehe nacheinander jede Region deines Körpers durch und achte ganz genau darauf, wie sich jede Körperregion anfühlt, wenn dein Atem sie durchfließt. Wenn du gedanklich abschweifst, dann besinne dich zuerst wieder auf deine Atmung und dann wieder auf deine Körperregion.

Wenn du an deinem Scheitel angekommen bist, solltest du dich in der verbleibenden Zeit möglichst auf nichts fokussieren, sondern einfach die Ruhe durch jede Zelle deines Körpers fließen lassen. Die Energie verteilt sich so langsam in genau die Körperregionen, in denen du die Energie gerade am dringendsten benötigst. Wenn der Body-Scan beendet ist, dann strecke dich, mache vielleicht ein paar Dehnungsübungen und genieße es, in dir und im gegenwärtigen Moment angekommen zu sein.

Das zu Beginn vorgestellte Grundprinzip der Achtsamkeit, die Dinge so anzunehmen, wie sie sind, hat für mich einen der größten Effekte auf unsere Resilienz. Indem wir lernen, die Dinge so zu akzeptieren, wie sie sind, beginnt unser Geist zu entspannen und wir gehen sofort in die Lösung, anstatt inneren Widerstand oder Negativität aufzubauen. Wenn wir uns in herausfordernden Situationen auf die Lösung statt auf die negativen Aspekte fokussieren, lernen wir, daraus eine unendliche Kraft zu schöpfen, die uns begreifen lässt, dass wir mit jedem Hindernis in unserem Leben umgehen können. Wir lernen, zu akzeptieren, dass unser Leben aus Höhen und Tiefen besteht, dass Probleme immer auch etwas Positives implizieren und dass alles zum Fluss des Lebens gehört. Auf diese Weise gehen wir wesentlich entspannter mit stressigen oder unvorhergesehen Situationen um. Wir vertrauen dem Leben und lassen viele Dinge einfach fließen, statt dagegen anzukämpfen. Kampf erzeugt immer Widerstand und Widerstand ist die Ursache für Stress und schwächt damit unseren Resilienz-Muskel. Dieses Vertrauen führt dazu, dass wir immer besser mit Krisen umgehen und genau das ist Resilienz.

Ein weiterer Aspekt der Achtsamkeit, der sich positiv auf unsere Widerstandskraft auswirkt, ist die sich einstellende Fähigkeit, die Dinge positiver zu sehen. Wie ich bereits im Kapitel „Selbstreflexion" beschrieben habe, besitzen wir aus evolutionsbiologischer Sicht die Neigung, die Dinge eher negativ zu sehen. Unser Gehirn sucht, selbst wenn wir entspannt sind, immer noch gern nach Gefahren oder Problemen. Achtsamkeit lehrt uns, selbst in den negativen Dingen etwas Positives zu sehen.

Etwas, was heute auf den ersten Blick vielleicht negativ erscheint, bringt uns morgen das größte Glück. Wir lernen uns nicht mit allem zu identifizieren, was unser Gehirn uns tagtäglich erzählen will. Unser Ich, was im Buddhismus gern als Illusion bezeichnet wird, erfindet ständig Geschichten. Unser Achtsamkeitsmuskel hilft uns dabei, diese Geschichten nicht allzu ernst zu nehmen. Mittlerweile ist mein innerer Beobachter so stark, dass ich ganz genau wahrnehme, wenn mein Unterbewusstsein sich wieder irgendetwas sucht, nur um mich aus meiner positiven Grundstimmung zu bringen. Und genau diese Beobachterfunktion stärkt unseren Resilienz-Muskel, weil wir uns nicht von allem, was in unserem Kopf auftaucht, aus dem Hier und Jetzt bringen lassen.

Achtsamkeit fördert weiterhin unsere Selbstliebe. Es stärkt unsere Selbstakzeptanz, die sich wiederum positiv auf unseren Resilienz-Muskel auswirkt. Selbstakzeptanz führt zu einer Reduzierung unserer angeborenen Abhängigkeit nach Anerkennung in der Außenwelt. Jeder hat ein unbewusstes Verlangen, von anderen positiv gesehen und gemocht zu werden. Was andere Menschen denken, sagen oder wie sie handeln, wirkt sich unmittelbar auf unser Gehirn und damit auch auf unser inneres Wohlbefinden aus. Gleichzeitig hängt unser Selbstwertgefühl stark davon ab, was andere von uns denken und wie sie sich uns gegenüber verhalten. Achtsamkeit führt dazu, dass man mit sich selbst im Reinen ist und man immer weniger die Bestätigung durch andere braucht. Das schafft eine Freiheit, die uns von vielen negativen Emotionen und Gedanken befreit, die aus der Außenwelt kommen und die sich negativ auf unseren Resilienzmuskel auswirken.

Zu guter Letzt ist ein weiterer positiver Effekt, der uns gerade im Berufsleben, aber auch beim Projekt Achtsamkeit zugutekommt, dass Resilienz sich positiv auf unser Durchhaltevermögen oder unseren Willensmuskel auswirkt. Resilienz hilft uns, selbst bei Niederlagen immer wieder aufzustehen und nicht aufzugeben. Sie hilft dabei, in Problemen Herausforderungen und Scheitern Chance zu sehen, aus der wir lernen und uns verbessern können. Resilienz macht uns zum Optimisten und weniger zum Pessimisten. Resilienz erinnert uns immer wieder daran, was wir bereits in unserem Leben geschafft haben, und stärkt den Glauben daran, jede noch so schwierige Hürde zu überwinden und als neue Prüfung auf dem Weg zu betrachten. Und je öfter wir uns diesen Herausforderungen stellen, desto stärker werden wir.

Im Grunde wirken sich alle bis dato beschriebenen Schlüsselkompetenzen und die jeweiligen Meditationen und Übungen positiv auf unsere Resilienz aus. Eine weitere Achtsamkeitsübung, die sich positiv auf unseren Resilienz-Muskel auswirkt, ist aus meiner Sicht das Malen. Forschungen zur Kreativität und Resilienz sind zu dem Ergebnis gekommen, dass sich beide wechselseitig beeinflussen. Malbücher für Erwachsene sind eine kreative Möglichkeit, seine Resilienz zu stärken, da sie helfen, den Gedankenfluss zu beruhigen, zu entspannen und wieder einen Zugang in die Gegenwart zu finden. Während du dich auf Formen, Linien und Farben konzentrierst, kommen deine Gedanken wie bei einer meditativen Übung zur Ruhe. Das Ausmalen bedeutet, loszulassen, sich zu konzentrieren und den Fokus wieder auf das zu legen, was man gerade in diesem Augenblick tut. Schon nach ein paar Minuten fängt der Geist an, sich zu beruhigen, spätestens nach 30min hört der Verstand auf, zu denken, und man befindet sich wieder im Hier und Jetzt und ein Gefühl der Entspannung, Ausgeglichenheit und Entschleunigung setzt ein. In Summe hilft es uns, den stressigen Alltag hinter uns zu lassen, Stress abzubauen und auf diese Weise unsere Resilienz zu fördern.

3.8 Authentizität

> „Man will niemanden überzeugen,
> weil man an sich selbst glaubt.
> Man braucht niemandes Zustimmung,
> weil man mit sich selbst zufrieden ist.
> Die ganze Welt akzeptiert
> die- oder denjenigen, der sich selbst akzeptiert." –
> LAOTSE

Während Fokus oder Intuition sicherlich noch in kaum einem Management-Lehrbuch auftauchen, ist Authentizität für viele schon eher eine Kompetenz, die gerade erfolgreichen Führungskräften zugeschrieben wird und die immer mehr das Interesse der Forschung auf sich zieht. Doch was bedeutet Authentizität oder authentisch im Job zu sein?

Allgemein wird die Frage mit „seinem wahren Ich entsprechen" beantwortet. Doch was bedeutet das wahre Ich? Im Buddhismus heißt es, dass unser Ich lediglich eine Illusion ist. Und hier sind sich fernöstliche Tradition und Wissenschaft mittlerweile einig, da unser Ich lediglich ein Konstrukt unseres Denkens ist. Da sich unser Ich quasi je nach Situation immer wieder verändert und anpasst, kann es aus wissenschaftlicher Sicht am Ende auch keine absolute Authentizität geben.

Der Begriff „Authentizität" ist daher, aus meiner Sicht, nicht wirklich mit dem wahren Ich gleichzusetzen. Authentizität bedeutet für mich das Loslassen von Rollenvorgaben, die völlige Akzeptanz der eigenen Persönlichkeit, aber auch Verantwortung für sich selbst zu übernehmen. Authentisch zu sein bedeutet, zu sich, seinen Fehlern, Gefühlen, Motiven und Neigungen zu stehen und dies auch offen zu leben und auszusprechen. Doch das setzt voraus, überhaupt einen Zugang zu all dem zu haben. Es bedarf Selbstreflexion, Fokus, Intuition, Selbstempathie, Anfängergeist und vor allem eine große Portion Resilienz, um wirklich authentisch zu sein. Für mich entwickelt sich Authentizität daher nach einer regelmäßigen, längeren Achtsamkeitspraxis mit der Zeit von allein. Es ist ein Resultat unserer Reise, eine Pflanze, die mit allen bis dato aufgeführten Schlüsselkompetenzen gegossen wird und aus der sich langsam ein riesiger, festverankerter und wunderschöner Baum entwickelt.

Wenn wir unsere heutige Arbeitswelt betrachten, dann schlüpft der Großteil die meiste Zeit in eine vordefinierte Rolle, eine Art Anleitung, wie man sich auf der Arbeit gemäß Jobbeschreibung zu verhalten hat. Man kann diesen Effekt sehr gut bei Mitarbeitern beobachten, die (fälschlicherweise) zur Führungskraft befördert wurden. Mit der neuen Position ändert sich das Verhalten, und zwar so, wie sie glauben, sein zu müssen. Und das bedeutet bei manchen oft eine 180-Grad-Wendung. Selbst in der Stimme kann man Veränderungen erkennen. Sie schlüpfen in das Korsett, was sie glauben, für die Position tragen zu müssen, und verleugnen so im Grunde ihre eigene Identität. Aus meiner Sicht kann sich so nie ein gutes Führungsverhalten entwickeln, da es nur ein Duplikat oder ein guter Schauspieler, aber nie die eigentliche Person selbst ist. Kaum vorstellbar, wie viel Energie es kostet, diese Fassade aufrechtzuerhalten und wie sehr es von der eigentlichen Führungsaufgabe ablenkt und damit am Ende dem Unternehmen schadet.

Wenn wir uns jedoch einfach unserer Aufgabe hingeben, ohne zu sehr darüber nachzudenken, was ist, was passieren könnte und vor allem was andere denken, dann sind wir authentisch und entfalten unser volles Potential. Wenn wir aufhören, andere von uns überzeugen zu wollen und stattdessen einfach an uns glauben, dann werden wir immer mehr akzeptiert werden als andersherum. Es kostet uns wesentlich weniger Energie, während es die besten Leistungen aus uns herausholt. Es ist wie der Flow-Zustand: Wir machen einfach und genau das macht uns authentisch. Authentizität bedeutet also, loszulassen, wer wir glauben, sein zu müssen, und das anzunehmen, was wir sind, fühlen und denken. Ohne Bewertungen, Glaubenssätze, Selbststeinigungen oder Urteile.

Gerade im beruflichen Kontext habe ich oft die Erfahrung gemacht, dass man auch gern in die Rolle der authentischen Person schlüpft. Authentisch sein verspricht Erfolg, also bin ich ab heute authentisch oder, wie mal jemand zu mir sagte: „Ich habe viel Geld in einen Coach gesteckt, um so zu sein." Doch auch das ist ein Irrglaube, denn es impliziert nur, dass diese Menschen ihr wahres Ich für das halten, was sie nach außen hin darstellen wollen. Und so wird viel Zeit in das Image investiert, das sie gern hätten. Doch auch bei dieser Rolle wird das Korsett irgendwann zu eng und wir beginnen, uns in unserer eigenen Haut nicht mehr wohlzufühlen. Stress, Burnout oder eine schlechte Führung sind die Folge.

Wir Menschen haben uns nur leider viel zu sehr daran gewöhnt, einer Rolle zu entsprechen und uns selbst zu verleugnen. Es wird uns oftmals schon als Kind antrainiert, selbst wenn es nur um die Rolle als Frau oder Mann geht. Umso schwerer ist es, sich nach und nach davon zu lösen, zumal es uns oftmals gar nicht wirklich bewusst ist, weil wir diese Rollen schon komplett verinnerlicht haben. Hier führt regelmäßiges Achtsamkeitstraining jedoch zu einem entscheidenden Vorteil: Wir lernen, uns aus einer Art Vogelperspektive selbst zu beobachten. Auf diese Weise nehmen wir sehr bewusst wahr, wenn wir vielleicht in ein jahrelang antrainiertes Rollenmuster verfallen, unsere Stimme sich verändert oder wir etwas nur tun, um anerkannt und gemocht zu werden. Diese Beobachtung hilft uns zum einen, unsere Muster zu erkennen, es hilft aber auch, aktiv dagegen zu steuern.

Achtsamkeitsübung „Den inneren Beobachter stärken"

Um den inneren Beobachter zu stärken und bewusst aufzurufen, kannst du üben, dich mit ihm zu verbinden. Suche dir hierfür am Anfang zunächst einen ruhigen Platz, stelle dir einen Timer auf 5min und atme 2-3-mal bewusst tief ein und aus und komme im gegenwärtigen Moment an. Wenn es dir schwerfällt, kannst du dich am Anfang auch wie in der Atem--Meditation bewusst auf deine Atmung konzentrieren. Wenn du Ruhe in dir spürst, stelle dir die folgenden Fragen:

- Wie fühle ich mich gerade?
- Welche Gedanken gehen mir durch den Kopf?

Versuche, nun mit einer gewissen Distanz wahrzunehmen, was sich an Gedanken und Gefühlen auf deiner inneren Bühne abspielt. Stell dir vor, du sitzt im Publikum und beobachtest, wie du dich fühlst. Versuche, deine Gedanken nicht wie ein Regisseur zu lenken, du sitzt lediglich im Publikum. Auch solltest du nicht bewerten, was du siehst, sondern dich einfach auf alles einlassen, was auf deiner Bühne auftaucht. Betrachte alles einfach mit den Augen eines Kindes – ohne Wertung und ohne Urteile.

Bevor du diese Übung in deinen Alltag integrierst, solltest du die Übungssequenzen langsam steigern und mindestens 4mal pro Woche durchführen. Mit der Zeit kannst du den inneren Beobachter dann in einer ruhigen Minute gezielt ansteuern und für etwa eine Minute in den Beobachter-Modus wechseln. Um im oft stressigen Arbeitsalltag daran zu denken, hilft es, diese Mini-Innenschau an eine bestimmte wiederkehrende Aufgabe zu koppeln. Du kannst auf der Arbeit z. B. immer in diesen Modus schalten, wenn du dir einen Kaffee holst oder auf dem Weg zu einem Meeting bist.

Authentizität zu leben, bedeutet weiterhin, eine tiefe Verbundenheit und Respekt uns selbst und allen anderen gegenüber zu verspüren. Nur wenn du mit dir Selbst verbunden bist, kannst du auch authentisch sein. Nur dann weißt du genau, was du willst oder brauchst oder eben nicht. Diese Verbundenheit bedeutet auch, zu erkennen, dass ich du und du ich bist. Wir sind alle eins. Niemand ist besser oder schlechter, nur weil er eine bestimmte Ausbildung hat, mehr Geld verdient, Führungskraft oder Geschäftsführer ist. Am Ende sind wir alle Menschen und so sollten wir uns auch gegenseitig behandeln.

In einer Achtsamkeitsausbildung meinte der Seminarleiter zu mir, dass wir selbstverständlich mit dem Geschäftsführer anders reden wie mit einem Mitarbeiter. Aber das hat für mich weder etwas mit Achtsamkeit noch mit Authentizität zu tun. Ich kann mir nicht vorstellen, dass der Dalai Lama unterscheidet, mit wem er gerade redet. Für ihn sind alle Menschen gleich und genau darum ist er für uns auch so authentisch. Ich hatte bereits, bevor ich mit Achtsamkeit in Berührung gekommen bin, die Prämisse, mit der Putzfrau genauso zu reden, wie ich mit einem Vorstand rede und daran habe ich mich bis heute ohne Einschränkungen auch immer gehalten. Wir wissen nicht, was ein Mensch erlebt hat oder wie er zu dieser Position gekommen ist. Ich habe Geschäftsführer erlebt, die so unmenschlich und ungeeignet waren und nur durch Machtspiele und pures Glück oder Vitamin B in diese Position gekommen sind. Gleichzeitig habe ich Putzkräfte kennengelernt, die einfach keine Chance hatten, aber den Job sicher besser machen würden als manch hochbezahlte Führungskraft. Wenn du allen Menschen liebevoll und respektvoll begegnest, dann musst du auch nicht unterscheiden, wer bedeutender oder wichtiger ist. Nur so nehmen Menschen dich als authentisch wahr und akzeptieren dich, so wie du bist.

Dieses Gefühl der Verbundenheit ist etwas, was mit einer längeren Achtsamkeitspraxis fast automatisch in uns wächst. Es gibt aber auch hier Meditationen, die dir helfen, diese Verbundenheit zu spüren. Mir persönlich gelingt es am besten in Form von Bewegung. Hierfür eignet sich aus meiner Sicht Tai-Chi perfekt, es gibt aber auch eine Meditation, die wir selbst im Büro oder auf dem Weg zur Arbeit anwenden können. Die Geh-Meditation hat eine lange buddhistische Tradition. Durch die Berührung mit dem Boden und dem Lauschen der Geräusche in der Natur stellt sich eine tiefe Verbundenheit zu uns, dem Leben und dem Universum ein. Ich empfehle, diese Übung erst an einem ruhigen Ort zu üben. Nach längerer Praxis kannst du die Geh-Meditation dann auch auf dem Arbeitsweg, auf dem Weg zum Meetingraum, zur Kantine oder selbst beim Joggen ausführen.

Übung „Geh-Meditation"

Suche dir einen ruhigen Ort, wo du eine Zeit ungestört bist und du genügend Bewegungsfreiheit hast. Ein langer Flur ist perfekt, eine lange Diagonale im Wohnzimmer ist aber ebenfalls gut geeignet. Stelle dir einen Timer, so dass du dir Gedanken nach den noch verbleibenden Minuten sparen kannst. Stelle dich aufrecht und ruhig hin, sodass du dich stabil und wohlfühlst, schließe die Augen und atme 2-3-mal ganz tief ein und aus.

Öffne anschließend deine Augen zu etwa einem Drittel, so dass du dich orientieren kannst. Am besten suchst du dir einen Fixpunkt am Boden 1-2 Meter vor dir. Die Arme kannst du entweder locker hängen lassen oder in der typischen Angela-Merkel-Raute vor dir oder hinter deinem Rücken halten.

Nun beginne, ganz langsam zu gehen und dich voll auf den Prozess des Gehens zu konzentrieren. Wie hebst du den Fuß? Wir rollt die Fußsohle über den Boden? Oder wie ist es, wenn der Fuß in der Luft ist und dann wieder den Boden berührt? Versuche, alles wahrzunehmen, und sauge alle Informationen auf, die dir zugänglich sind.

Zu Beginn kannst du, analog dem Zählen beim Atmen, das Gehen auch durch entsprechende Worte begleiten. So kannst du z. B., wenn du den Fuß hebst, sagen „heben". Wenn der Fuß parallel zum Boden in der Luft ist, sagst du dir „halten", und wenn du mit dem Fuß wieder auf den

Boden aufsetzt, kannst du sagen „berühren". Finde dafür einfach die für dich passenden 3 Worte, selbstverständlich kannst du auch hier zählen.

Wenn du dich in einem geschlossenen Raum befindest und am Ende der möglichen Strecke angekommen bist, bleibe bewusst ein paar Sekunden stehen und drehe dich dann ganz achtsam und langsam, sodass du den gleichen Weg wieder zurückgehen kannst. Du kannst dies im Kopf mit den Worten „drehen, drehen, drehen" oder den für dich passenden Worten unterstützen. Wenn die Zeit abgelaufen ist, komme wieder in deine Ausgangsposition. Atme 2-3-mal tief ein und aus, strecke dich ein wenig und bedanke dich bei dir selbst und dem Universum für diese kleine Auszeit.

Tipps für mehr Authentizität in der Arbeitswelt

- Du findest einen besseren Zugang zu dir selbst, wenn du dir regelmäßig Zeit für Selbstfürsorge nimmst. So wie du für dich selbst sorgst, so wirst du dich auch fühlen und auf andere wirken. Dabei bedeutet Selbstfürsorge nicht Selbstoptimierung. Es kommt von innen und bedeutet, herauszufinden und umzusetzen, wie wir selbst am besten leben können und wollen.
- Beobachte und lerne von Kindern: Sie sind der Inbegriff von Authentizität.
- Vergleiche dich niemals mit anderen, du kannst dabei nur verlieren. Vergleich führt zu Unzufriedenheit, Neid, Missgunst oder Minderwertigkeitskomplexen und hindert dich daran, du selbst zu sein.
- Gestehe offen Fehler ein oder zeige auch mal, wenn es dir nicht so gut geht. Ehrlichkeit und Verletzlichkeit sind die Quellen, aus denen sich Authentizität entwickelt.
- Befreie dich von der Illusion, jemandem etwas beweisen oder imponieren zu müssen. Das kann nur schief gehen. Sei du selbst und du wirst genau die Leistung bringen, die diese Situation erfordert.

- Es ist egal, was andere über dich denken. Wenn du dich selbst liebst, dann werden dich automatisch auch die anderen mögen.
- Hör auf, dich zu sehr mit deiner Arbeit zu identifizieren. Lerne, dass alles vergänglich ist. Je weniger du dich mit allem identifiziert, desto authentischer wirkst du auf andere.

3.9 Agilität

„Nur die Agilen werden überleben." –
HORST WILDEMANN

Agilität zählt zu den wesentlichen Schlüsselkompetenzen des 21. Jahrhunderts. Mittlerweile gibt es nur noch wenige Unternehmen, die sich nicht mit der Einführung von agilen Methoden auseinandersetzen. Und so findet sich in fast jeder Stellenausschreibung das Wort „agil" und die Nachfrage nach Mitarbeitern, agilen Coaches oder Weiterbildungen in dieser Richtung wächst mit jedem Tag. Doch Agilität bedeutet nicht einfach nur ein weiteres Element im Methoden- und Werkzeugkoffer moderner Unternehmensführung, Mitarbeiter und Coaches. Agilität setzt auch am Menschen selbst an und erfordert Fertigkeiten, die man sich nicht mit dem Lesen eines Buches aneignen kann und die sich unter den heutigen Arbeitsbedingungen nur noch schwer entfalten können.

Die digitale Transformation führt zu einer Komplexität und Dynamik, die viele Unternehmen, vor allem aber Mitarbeiter, zunehmend überfordert. Wie arbeiten mittlerweile in einem Umfeld, wo der Druck stärker denn je ist. Wir versinken in einer Informationsflut und unsere Arbeit ist durch Unterbrechungen, Ablenkungen und ständige Erreichbarkeit gekennzeichnet. Unser Konzentrationsvermögen sinkt auf ein Minimum, unser Gehirn ist die größte Zeit auf Autopilot, wir sind gestresst, fühlen uns leer und ausgebrannt. Irgendwie klingt es da fast schon illusorisch, wie wir unter diesen Bedingungen flexibel denken oder Agilität vermitteln und anwenden sollen. Mitarbeiter bekommen durch agile Ansätze eine hohe Autonomie, Entscheidung zu treffen. Doch was bringt diese Autonomie, wenn die Entscheidungen nur mittels Autopiloten getroffen werden, einem Denkmodus, der lediglich an der Oberfläche unseres Wissens kratzt und nicht sämtliche Variablen in die Entscheidung einfließen lässt?

Die geforderte Agilität in Unternehmen setzt daher zunächst voraus, dass wir zum einen unser Gehirn an die neuen Arbeitsbedingungen anpassen und gleichzeitig Schlüsselkompetenzen fördern, die agiles Denken überhaupt erst ermöglichen. So setzt Gehirnagilität voraus, dass wir uns effektiv auf eine Arbeit konzentrieren können, dass wir flexibel zwischen verschiedenen Denkweisen umschalten und Probleme aus unterschiedlichen Blickwinkeln betrachten können und es schaffen, Ideen zu bündeln, um ganzheitliche Lösungen zu finden. Gleichzeitig erfordert Agilität, dass wir vernetzt denken und auf Fertigkeiten wie Empathie, Intuition, Motivation oder Kreativität zurückgreifen können.

Agilität bedeutet in Unternehmen, flexibel auf neue Anforderungen oder unvorhergesehene Situationen zu reagieren und dabei nicht nur reaktiv, sondern auch proaktiv zu handeln. Doch die Realität sieht so aus, dass wir oftmals nur reagieren und nicht agieren. Achtsamkeit lehrt uns, in den Problemen Lösungen zu sehen. Sie erschafft wieder einen Anfängergeist. Wir betrachten die Dinge aus einer neuen Perspektive, anstatt in vorhandenen Denkmustern zu verharren. Zudem wirkt sich Achtsamkeit positiv auf den Prozess der Entscheidungsfindung aus, da Intuition und Kreativität den Prozess des schnellen Denkens im Autopiloten unterbinden.

Gerade bei agilen Coaches sind neben einem Methodenkoffer auch Eigenschaften wie Empathie und Authentizität gefordert. So ist es für agile Coaches wichtig, eine psychologische Sicherheit in den Teams herzustellen, die eine Kultur von Vertrauen und Sicherheit schafft. Es ist wichtig, das Potenzial der anderen zu erkennen und sie dann entsprechend zu führen und an den richtigen Stellen einzusetzen. Hierfür sind Fertigkeiten wie Intuition, Empathie oder Authentizität unabdingbar, alles Eigenschaften, die man nicht mal eben im Supermarkt kaufen kann.

Die aufgeführten Schlüsselkompetenzen sind daher die Grundvoraussetzung für Agilität, die in unserer modernen Arbeitswelt aber eher ausgebremst, statt gefördert werden. Wenn wir also Agilität und digitale

Transformation verbinden wollen, dann ist Achtsamkeit das Bindeglied zwischen beiden Komponenten. Achtsamkeit hilft unserem Gehirn, sich an die aktuellen Rahmenbedingungen anzupassen und den nächsten Evolutionsschritt vom Steinzeit-Gehirn zum agilen Gehirn in einer digitalen Welt zu gehen. Genau aus diesem Grund ist Agilität die letzte Schlüsselkompetenz, da sie alle anderen Fertigkeiten voraussetzt. Agilität bedeutet, sich nicht nur auf ein oder zwei Fertigkeiten zu verlassen, sondern sich für ein ganzheitliches Denken zu öffnen.

Wenn wir die aufgeführten Schlüsselfertigkeiten trainieren, versuchen wir, sie in der Agilität zusammenzuführen. Es empfiehlt sich, ein Problem oder eine Situation mit all den gelernten Schlüsselfähigkeiten zu beleuchten. Zum Anfang ist dies vielleicht noch schwer, aber irgendwann fangen wir an, ganzheitlich zu denken, und greifen dabei auf ein wendiges, integriertes und agiles Gehirn zurück. Je mehr Zugänge wir lernen zu nutzen, desto größer und umfassender ist unsere Kraft und desto besser schaffen wir es, unser volles Potential zu nutzen.

4 Der übliche Selbstbetrug, Hindernisse und die gängigsten Stolpersteine

> „Der schwierigste Weg, den der
> Mensch zurückzulegen hat, ist der
> zwischen Vorsatz und Ausführung." –
> WILHELM RAABE

Achtsamkeit ist nicht schwer und doch nicht wirklich leicht. Ich würde lügen, wenn ich etwas anderes behaupten würde. Wenn wir uns auf etwas Neues in unserem Leben einlassen und das uns Vertraute in Stücken aufgeben, dann ist das alles andere als leicht. Jeder hat schon einmal versucht, seine Ernährung umzustellen, öfter Sport zu treiben oder weniger auf sein Handy zu schauen. Am Anfang sind wir hoch motiviert, doch irgendwann erfindet unser Gehirn die kreativsten Ausreden, warum wir unser Vorhaben doch nicht weiter in die Tat umsetzen sollten. Wenn wir Achtsamkeit in unser Leben integrieren wollen, dann müssen wir immer etwas anderes dafür aufgeben. Das ist einfach so, selbst wenn es nur das Faulenzen auf dem Sofa ist. Wer Achtsamkeit in sein Leben integriert, der möchte Gewohnheiten, Routinen und schöngeredete oder unbewusste Alltagssüchte mit einem neuen Programm überschreiben – und das ist leider nicht ganz so einfach wie die Installation eines neuen Betriebssystems auf unserem PC. Während ein Computer die Dinge einfach hinnimmt, wollen Körper und Gehirn das Alte nicht einfach so aufgeben – und das unabhängig davon, ob es uns guttut oder nicht. Gleichzeitig gibt es wie auf jeder anderen Reise auch Hindernisse und Stolpersteine, die den Willensmuskel in uns zusätzlich auf die Probe stellen.

Zum Glück hat der technische Fortschritt dazu beigetragen, dass uns Neurowissenschaft und Psychologie für diese Reise eine Art Landkarte zur Verfügung stellen. Sie hilft uns, zu verstehen, warum wir reagieren und wie wir reagieren. Wenn wir verstehen, wie unser Gehirn funktioniert, dann ist es wesentlich leichter, nicht mehr blindlings in jede Falle zu tappen. Und mit ein paar kleinen Tricks schaffen wir es, die Schwächen unseres Denkapparates dafür zu nutzen, dass alles irgendwann einfach fließt und in ein neues Bewusstsein übergegangen ist.

4.1 Die Macht von Süchten und Gewohnheiten: Wie du es schaffst, dein Gehirn dauerhaft umzuprogrammieren

4.1.1 Wieso wir erstmal zum Suchtberater müssten

Die meisten leben in den Ruinen ihrer Gewohnheiten." –
JEAN COCTEAU

Achtsamkeit in sein Leben zu integrieren, bedeutet, seine gewohnte (Un-)Ordnung durcheinander zu bringen und sein Leben zu ändern. Es bedeutet, etwas Neues in unser eh schon hektisches und vollgepacktes Leben hineinzulassen. Für manches bleibt weniger Zeit und auf einige Dinge muss man vielleicht sogar komplett verzichten. Achtsamkeit in sein Leben zu integrieren, bedeutet, von festgefahrenen Gewohnheiten und Routinen abzulassen. Doch das ist gar nicht so einfach, denn manche Gewohnheiten sind im Grunde keine Gewohnheiten, sondern viele kleine bewusste oder unbewusste Alltagssüchte, die es erstmal zu identifizieren gilt, um sie anschließend auch wirklich bezwingen zu können.

Während eine Gewohnheit eine Handlung ist, die unter bestimmten Bedingungen immer wieder automatisch durchgeführt wird, ist eine Sucht etwas, was wir kontinuierlich tun, obwohl wir uns bewusst sind, dass es uns eigentlich schadet. Und wenn wir ehrlich zu uns selbst sind, dann tut jeder von uns täglich Dinge, die uns nicht guttun, von denen wir aber trotzdem nicht einfach so die Finger lassen können. Zu viel Zeit in den sozialen Medien, ungesundes (Frust-)Essen oder der abendliche Wein, um runterzukommen.

Stell dir vor, du hattest einen stressigen Tag auf der Arbeit, du kommst nach Hause und fühlst dich leer und ausgebrannt. Du kochst dir etwas Leckeres zum Essen und nach dem Essen fühlst du dich einfach gut, du hast ein Lächeln auf den Lippen, dir wird warm ums Herz und für einen kurzen Moment vergisst du den ganzen Stress des Tages und das, was du sonst noch alles tun musst. Am nächsten Tag geht es dir ähnlich und weil es am Vortag funktioniert hat, kann auch heute wieder ein leckeres

Essen den Tag retten. Irgendwann isst man dann immer in Situationen, wo man sich leer und ausgebrannt fühlt. Und wenn das Leben voll mit Stress ist, dann isst man halt jeden Tag mehr, als man eigentlich essen müsste, weil es hilft, den ganzen Stress, wenn auch nur für einen kurzen Moment, zu vergessen. Dann kommt der Punkt, wo unser Gehirn dieses Prinzip auch bei Wut oder Trauer anwendet, da es sehr schnell begreift, dass es hier genauso gut funktioniert. Und ehe wir uns versehen, zeigt unsere Waage 10kg mehr an und doch fällt es uns schwer, in stressigen Momenten nicht zu essen.

Was passiert da mit uns? Unser Gehirn ist so programmiert, dass es ununterbrochen versucht, zu lernen. Nur so können wir in einer Welt, die sich ständig verändert und voller Gefahren ist, überleben. Wenn wir lernen, dann folgt unser Gehirn dem Prinzip der operanten Konditionierung. Wir bevorzugen eine Verhaltensweise, die wir mit etwas Angenehmem verknüpfen (Belohnung) und meiden Situationen, die wir mit etwas Unangenehmem verknüpfen (Strafe). In dem beschriebenen Beispiel folgt unser Gehirn dem Prinzip des Lernens durch Belohnung und damit einer sehr einfachen Reaktionskette „Stressiger Tag (Auslösereiz), Essen (Verhalten), Gefühl der Entspannung (Belohnung)". Je eindeutiger und intensiver unser Verhalten mit einer Belohnung verbunden ist, desto größer ist die Verstärkung, d. h. umso größer ist die Wahrscheinlichkeit, dass unser Gehirn sagt: „Super, ich will mehr davon!"

Je öfter wir diese Verhaltensweise wiederholen, desto mehr verankert sie sich in unserem Gehirn. Jedes Mal, wenn wir uns analog verhalten, verstärken wir den neuronalen Trampelpfad im Gehirn, der uns sagt: „Super, das hat funktioniert, also bitte nochmal wiederholen." Jedes Mal wertet unser Gehirn es als Belohnung und dabei freuen sich die gleichen Hirnareale wie bei Alkohol oder Drogen. Nur leider haben sie bei entsprechender Wiederholung auch genau den gleichen Effekt: Wir werden süchtig nach genau diesem chemischen Cocktail, der in unserem Gehirn ausgelöst wird, wenn wir der Reaktionskette „Auslösereiz – Verhalten – Belohnung" auf den Leim gegangen sind. Irgendwann brauchen wir dann mehr, um die gleiche Befriedigung zu erreichen und schlussendlich unterwirft sich unser Wille einfach unserem Verlangen und der Vorsatz der Achtsamkeit wird schnell aus dem Gedächtnis verdrängt und wir gehen lieber wieder unseren Alltagssüchten nach. Jedes Mal, wenn wir in einer ähnlich stressigen Situation anders reagieren und statt Fast Food einen Trostsalat essen, bekommen wir starke Gelüste und hören unendlich viele kreative Stimmen, die uns daran hindern wollen, uns bloß nicht zu verändern oder von der kleinen Alltagssucht abzulassen. Jede Unterbrechung oder Veränderung des gewohnten chemischen Zustandes in unserem Blut, in unseren Zellen und in unserem Gehirn wird als störend empfunden. Und so tun wir bewusst oder unbewusst alles, um das uns viele Jahre vertraute chemische Gleichgewicht wiederherzustellen.

In solchen Momenten, wo unsere inneren Stimmen laut werden und uns mit aller Macht davon abbringen wollen, von unserem Vorhaben abzulassen, ist es hilfreich, sich bewusst zu machen, dass es nicht unsere Schuld ist, sondern dass so einfach unser gieriges Gehirn funktioniert. Es ist süchtig nach Belohnung bzw. den Botenstoffen, die infolge einer Belohnung im Gehirn ausgeschüttet werden. Im Grunde können wir durch den beschriebenen Mechanismus, der uns allen in die Wiege gelegt wurde, nach allem in unserem Alltag süchtig werden. Egal ob Handy, Essen, Arbeit, Sport, Beziehungen oder die am weitesten verbreitete Sucht: die Sucht zu denken. Wir können unser Gehirn sogar darauf trainieren, süchtig danach zu werden, unglücklich zu sein. Schließlich gibt es, wenn wir unglücklich sind, schnelle Energie in Form von Pizza, Pasta oder Schokolade.

Wenn wir den Prozess „Auslösereiz – Verhalten – Belohnung" jedoch erst einmal verstanden und verinnerlicht haben und uns darauf einstellen, dass kreative Stimmen in unserem Kopf uns von unserem Vorhaben abhalten wollen, dann ist es sichtlich einfacher, aus der Perspektive des inneren Beobachters den Argumenten unseres Gehirns zu widerstehen. Nichtsdestotrotz haben wir einen unglaublich starken Gegner, gegen den wir uns solange zur Wehr setzen müssen, bis neue Gewohnheiten unsere alten Programme überschrieben haben.

4.1.2 Warum unser stärkster Gegner unser Unterbewusstsein ist

„Glück ist Bewusstsein und
Unterbewusstsein in
Einklang zu bringen." –
ULRICH H. ROSE

Nur weil wir uns etwas ganz fest vornehmen, heißt das nicht automatisch, dass wir es auch schaffen, regelmäßig am Ball zu bleiben. Unser stärkster Gegner ist unser Unterbewusstsein, das nicht wirklich gern von seinen antrainierten Gewohnheiten ablassen will. Das Kräfte-Zehren zwischen unserem bewussten und unbewussten Verstand kann man sich gut anhand eines Eisberges vorstellen, analog dem bekannten Eisbergmodell, das viele vielleicht aus der Psychologie kennen.

Unser Gehirn ist ein riesiger Eisberg bestehend aus einer Spitze, die oberhalb des Wassers sichtbar ist, einer Wasserlinie, und dem riesigen Teil des Eisberges, der in den Tiefen des Meeres verborgen ist. Die Spitze entspricht in unserem Gehirn dem Frontallappen. Er ist entwicklungsgeschichtlich schlappe 40 Millionen Jahre alt und der jüngste Teil unseres Gehirns. Hier sitzt der präfrontale Cortex, also der Teil, der für unser logisches Denken, Vernunft, Willen, Überzeugungen und Absichten verantwortlich ist. Die Wasserlinie stellt eine Art halbbewusster Verstand dar. Das sind Erinnerungen aus unserer Vergangenheit, an die wir zwar aktuell nicht denken, die wir uns aber jederzeit ohne Probleme wieder ins Bewusstsein rufen können. Wenn wir uns erinnern wollen, was gestern im Meeting gesagt wurde, dann schwimmt unser Geist kurz an der Wasserlinie entlang, um uns die Antwort zu liefern. Der vom Wasser verborgene Teil ist unser Unterbewusstsein. Im unbewussten Verstand sind all unsere Gewohnheiten, Routinen, inneren Glaubenssätze, Muster und Verhaltensweisen angesiedelt und aus ihm gehen unsere Überzeugungen und Wahrnehmungen hervor.

In der Mitte des Eisberges befindet sich ein riesiger Datenspeicher. Hier wird alles, was wir über unser gesamtes Leben hinweg erlebt haben gesammelt. In der Neurowissenschaft spricht man bei diesem System vom limbischen System. Es ist entwicklungsgeschichtlich etwa 170 Millionen Jahre alt und damit wesentlich älter als der Frontallappen. Es ist das Zentrum für unser Gedächtnis und unsere Gefühle.

Wenn wir 35 Jahre alt sind, dann besteht unser Eisberg zu 95% aus dem unteren Teil und nur 5% sind oberhalb der Wasseroberfläche zu sehen. Unvorstellbare 95% unseres Wesens liegen im Unterbewusstsein verankert, aus denen unsere positiven und negativen Gedanken hervorgehen, die zur Entwicklung unserer Gewohnheiten und Verhaltensweisen führen.

Wenn wir uns dazu entscheiden, Achtsamkeit zu lernen, dann erfolgt das aus der Spitze unseres Eisberges. Doch der unter Wasser liegende Teil des Eisberges bestimmt die Richtung unserer Gedanken und die Bewegung des gesamten Eisberges. Unser Unterbewusstsein steuert uns durchs Leben, doch als Kapitän sind wir für die Routenplanung verantwortlich. Wenn wir Veränderungen in unserem Gehirn bewirken wollen, dann heißt dies also, dass wir neue Gewohnheiten entwickeln müssen. Solange wir uns jedoch nur im bewussten Verstand aufhalten, können wir uns nicht wirklich verändern. Die Macht des Unterbewusstseins ist viel zu groß. Der älteste Teil in unserem Gehirn wird den jüngsten immer übersteuern, so wie es oft auch bei Geschwistern ist. Wir können uns selbst zwar analysieren, aber wir sind nicht in der Lage, die alten Programmierungen einfach so zu löschen und neue zu installieren: Es erfordert Zeit und Aufwand – so wie alles im Leben. Durch Achtsamkeit und Selbstreflexion gelangen wir in das Betriebssystem unseres Unterbewusstseins, wo all unsere unerwünschten Muster und Verhaltensweisen verankert sind. Es kostet Aufmerksamkeit und Mühe, den Teufelskreis eines unbewusst ablaufenden Denkmusters zu durchbrechen. Doch wenn wir lernen, uns von diesen alten Programmen zu distanzieren, dann können wir sie auch beherrschen. Und mit ein paar Tricks übernehmen wir dann das Ruder.

4.1.3 Wie wir mit ein paar Tricks unser Gehirn überlisten können

> „Es ist nicht genug zu wissen,
> man muss es auch anwenden;
> es ist nicht genug zu wollen, man muss es auch tun." –
> JOHANN WOLFGANG VON GOETHE

Ein Umprogrammieren unserer Schaltzentrale ist nur möglich, wenn wir auf der Ebene des Eisberges arbeiten, die unter dem Wasser liegt. Hierbei hilft es, sich immer wieder daran zu erinnern, dass unser Unterbewusstsein genauso funktioniert, wie wir es programmiert haben. Es lernt durch Wiederholung und so können wir durch regelmäßiges Training die alten Programme auch wieder überschreiben.

Durch Achtsamkeit können wir lernen, unser Unterbewusstsein zu beobachten und bewusst zu entscheiden, anstatt – wie so oft – einfach nur wie ferngesteuert zu reagieren. Wir sehen unsere Gedanken oder Reaktionen in uns aufsteigen wie eine Welle und lassen uns entspannt darauf ein. Keine Gegenwehr, kein Nachgeben, kein Ignorieren oder Unterdrücken. Wir lassen uns einfach treiben und beobachten, ohne all dem einen Namen zu geben. Irgendwann ist die Welle wieder mit dem Meer verschmolzen und so verschwinden auch das Verlangen und die Gegenwehr unseres Unterbewusstseins wieder in den Tiefen des Ozeans. Auf diese Weise trennt Achtsamkeit die Verbindung zwischen Auslösereiz, Verhalten und Belohnung und damit die uralten Zöpfe der Gewohnheit. Und mit ein paar kleinen Tricks gelingt es uns, unser gieriges Gehirn auf den für uns richtigen Kurs zu bringen und neue Trampelpfade anzulegen.

Wir sollten uns immer bewusst sein, dass unsere Willenskraft uns auch nur begrenzt zur Verfügung steht. Sie ist wie ein Muskel: Wenn man ihn zu sehr beansprucht, geht am Ende gar nichts mehr. Auch kostet Willenskraft viel Energie. Wenn wir Entscheidungen treffen oder unseren Willensmuskel beanspruchen, dann kommt die Energie dafür immer aus der gleichen Quelle. Und daher erschöpft in unserem stressigen Arbeitsalltag, der gerade als Führungskraft durch viele Entscheidungen geprägt ist, auch sehr schnell unsere Willenskraft, die dann am Abend völlig zum Erliegen kommt. Mit den nachfolgenden Tipps können wir unseren Willensmuskel entweder stärken oder unser Unterbewusstsein überlisten.

> „Verändere die **Betrachtungsweise** von Dingen und die Dinge, die du betrachtest, werden sich ändern" –
> WAYNE DYER

Irgendwann werden wir an einen Punkt kommen, wo wir unser Training vernachlässigen, weil die Zeit es nicht hergibt oder weil wir das Gefühl haben, auf der Stelle zu treten. Sofort macht sich unser Unterbewusstsein mit dem Fazit bemerkbar: „Habe ich dir doch gleich gesagt, dass du es nicht schaffst" oder „der Aufwand lohnt sich eh nicht, also nutze die Zeit lieber wieder auf dem Sofa". Auf diese Weise will unser Unterbewusstsein unsere Überzeugung festigen, dass es keinen Sinn mehr macht, weiter an dem Projekt Achtsamkeit zu arbeiten. Wenn wir dann mal einen Tag das Training ausfallen lassen, folgt das innerliche Steinigen. Doch Selbstkritik aktiviert den Überlebensmodus in unserem Gehirn, was zu Traurigkeit oder Angst führt. Beide Emotionen erzeugen wieder einen entsprechenden chemischen Cocktail in unserem Körper und unser Gehirn wird so noch mehr gute Gründe finden, warum wir nicht weiter trainieren sollten. Hier hilft es, Fehlschläge oder einen wahrgenommenen Stillstand aus einer anderen Perspektive zu betrachten: Sie sind ein wesentliches Element auf dem Weg zum Ziel, eine weitere Prüfung, die wir bestehen müssen, damit wir vorwärtskommen. Wenn wir in Hindernissen oder Misserfolgen eine Möglichkeit der Entwicklung, Fehler als Chance zum Lernen oder stressige Zeiten als Prüfung sehen, dann ändert sich unser Blickwinkel. Fehlschläge führen so nicht direkt zum Aufgeben, da wir sie als Teil des Weges betrachten.

Genauso hilfreich ist es, das Training nicht mit dem Wort „muss" in Verbindung zu bringen. Oftmals sagen wir: „Ich muss nachher noch meditieren", „ich muss heute unbedingt 7 Stunden schlafen" oder „ich muss mir noch etwas Gesundes zum Abendbrot zubereiten". Doch „ich muss" ist immer irgendwie ein Zwang und jedem Zwang fehlt die Leichtigkeit des Seins. Wenn man ein „ich muss" in ein „ich darf" oder „ich kann" wandelt, dann schwingt gleich eine andere Energie mit. Eine Dankbarkeit, dass man Dinge überhaupt tun und das Leben einfach leben darf. Dankbarkeit ist der effektivste Weg, unsere fest im Gehirn verankerte Negativ-Konditionierung auf „positiv" einzustellen. Dankbarkeit bringt uns immer wieder ins Hier und Jetzt, in den gegenwärtigen Augenblick, der frei von Zwängen ist und in dem das Leben sich mit Leichtigkeit und in seiner schönsten Form zeigt.

„**Geduld** ist die höchste Form der Praxis. Durch sie erlangen wir letztlich Erleuchtung." –
DALAI LAMA

Trotz einer positiven Intention und der Konzentration auf das, was wir erreichen wollen, geben wir manchmal viel zu schnell auf, wenn nicht die Effekte eintreten, die wir uns erhoffen oder wo wir glauben, dass wir sie zu diesem Zeitpunkt schon längst hätten erreicht haben müssen. Im Rahmen des Achtsamkeitstrainings ist es jedoch sehr wichtig, dass wir den Dingen Zeit geben, dem Prozess vertrauen und alles im Tempo des Lebens fließen lassen. Druck erzeugt immer Gegendruck: Je ungeduldiger wir werden, desto mehr entfernen wir uns letztendlich von unserem Ziel. Ungeduld wird von unserem Gehirn als Bedrohung empfunden und so geben wir dem Barkeeper in unserem Gehirn unbewusst wieder das Signal, einen Cocktail aus Negativität zu mischen, und alte Glaubenssätze machen sich wieder breit, die uns im Wege stehen.

Egal ob wir Auto fahren, Klavierspielen oder Achtsamkeit lernen: Alles erfordert Geduld. Während einige mit einem stark ausgeprägten Geduld-Gen auf die Welt gekommen sind, müssen die meisten von uns Geduldig-Sein jedoch erst einmal lernen und das erfordert, so komisch wie es sich auch anhören mag, Geduld. Ungeduldig-sein führt zu innerer Unruhe und Stress und kann im schlimmsten Fall sogar dazu führen, dass wir alles hinwerfen. Wenn wir ungeduldig sind, dann ist es immer ein Zeichen, dass wir mit unseren Gedanken in der Zukunft sind oder irgendwelche Erwartungen haben, wie etwas zu sein hätte. Wenn wir uns das in diesen Momenten bewusst machen und uns liebevoll darauf hinweisen, geduldig zu sein und dem Prozess ohne Erwartungen einfach zu vertrauen, dann bringt uns das wieder in den gegenwärtigen Moment. Gleichzeitig haben wir unseren Geduldsmuskel wieder etwas trainiert und irgendwann kommt der Punkt, wo alles wie von allein anfängt zu fließen.

> „Große Schritte bringen uns schnell voran, aber **kleine Schritte** bringen uns oft weiter." –
> ANKE MAGGAUER-KIRSCHE

Wenn man nach Empfehlungen für die optimale Meditationszeit sucht, dann wird häufig eine Dauer von 20-30min angegeben. Doch jeder Mensch ist anders. Entweder man findet die Aufgabe zu schwierig und wir beginnen Ausreden zu erfinden. Oder wir starten im Turbomodus, überfordern uns und geben irgendwann völlig erschöpft auf. Unser Gehirn liebt Erfolge. Kleine Schritte zu machen bedeutet, kleine Ziele zu erreichen. Und das bedeutet jedes Mal einen Erfolg für unser Gehirn, was uns Selbstbewusstsein gibt und die Motivation, dranzubleiben. Es empfiehlt sich daher, als Anfänger erst mit 2min zu beginnen und dann langsam seine Meditationszeit zu steigern. So gewöhnen Körper und Geist sich langsam an das neue Training und wir müssen weniger gegen den Widerstand unseres Unterbewusstseins ankämpfen. Oftmals versuchen viele, neben Meditation gleich sämtliche formellen und informellen Methoden der Achtsamkeit in ihrem Leben zu verankern. Aber auch hier gilt das Prinzip der kleinen Schritte. Veränderungen sollten immer sukzessive und nicht sofort in unser Leben integriert werden. So empfiehlt es sich, auch hier vielleicht erst einmal die Woche mit Yoga zu beginnen oder sich neben der Meditation eine weitere informelle Achtsamkeitsübung auszusuchen und auch hier Intensität und Häufigkeit langsam zu steigern. Alles kommt zu seiner Zeit und in dem richtigen Tempo.

> „**Selbstreflexion** ist ein besonderes Kunststück. Man muss, wie in der Muppet Show, auf der Bühne stehen und singen und zugleich am Balkon sitzen und sich selbst dabei zusehen." –
> RUTH SELIGER

Achtsamkeit bedeutet, unsere Gedanken wahrzunehmen, ohne sie zu bewerten und entsprechend darauf zu reagieren. So schaffen wir es, unsere automatischen chemischen Prozesse im Gehirn zu unterbinden, die ein bestimmtes Verhalten in uns auslösen. Wenn wir lernen, uns von unseren inneren Programmen zu distanzieren, dann können wir diese Kräfte auch besser beherrschen. Doch um etwas beherrschen zu können, ist es wichtig, sich überhaupt klar zu sein, was es zu beherrschen gibt.

Mit Selbstreflexion machen wir unsere unterbewussten Denkmuster, Gewohnheiten und Alltagssüchte transparent und können uns so viel besser auf die Strategien unseres Unterbewusstseins einstellen. Das Schreiben eines Tagebuches ist auch hier ein sehr gutes Hilfsmittel, die Geschichten unseres Gehirns besser zu deuten. Es kann auch helfen, die immer wieder auftauchenden Argumente unseres Unterbewusstseins, die gegen unser Projekt Achtsamkeit sprechen, aufzuschreiben und dann entsprechende Gegenargumente zu finden. So nehmen wir unserem Unterbewusstsein den Wind aus den Segeln. Gleichzeitig ist es manchmal wirklich faszinierend und lustig zugleich, der Kreativität unseres Gehirns auf die Schliche zu kommen. Und ich kann garantieren: Es wird die kuriosesten Ausreden erfinden, nur um bei seinen alten Mustern und Gewohnheiten bleiben zu können.

Wenn man mit dem Projekt Achtsamkeit startet, sollte man sich zunächst immer offen und ehrlich eingestehen, was die eigenen Alltagssüchte und Gewohnheiten sind, auf die man besser verzichten sollte. Je bewusster man sich der eigenen inneren Prozesse ist, desto einfacher kann man dagegen angehen bzw. je seltener geht man ihnen auf den Leim.

> „*Glaube* nicht alles, was du denkst." –
> BYRON KATIE

Neurowissenschaft und Psychologie stellen uns die Bedienungsanleitung für unser Gehirn zur Verfügung. Unsere Aufgabe ist es, sie – so wie bei jedem anderen technischen Gerät auch – entsprechend zu nutzen. Dabei ist es wichtig, sich immer wieder vor Augen zu führen, dass wir nicht alles glauben sollten, was unser Verstand uns erzählen will. In dem Moment, wo wir spüren, wie sich Negativität in uns breit macht oder wo die ersten

Gedanken anfangen zu kreisen, wie doof das doch alles ist und der übliche Selbstbetrug einsetzt, ist genau der Zeitpunkt, wo wir die Bedienungsanleitung zu Hand nehmen sollten, wo auf Seite 1 ganz groß steht: „Glaube nicht alles, was du denkst! Das einzige Ziel dieser Gedanken ist es, Dich von deinem Weg abzubringen." Genau in diesem Moment ist es wichtig, sich an die Prozesse in unserem Gehirn und Körper zu erinnern und sich bewusst zu machen, dass beide uns hier gerade nur wieder einen Streich spielen wollen. Wer ist der Boss? Du!

In solchen Momenten hilft es, sich entweder sein Vision Board anzuschauen oder mit Affirmationen und positiven Gedanken gegen die Kräfte des Unterbewusstseins anzugehen. Irgendwann kommt dann der Punkt, wo unbewusster und bewusster Geist Hand in Hand arbeiten, statt gegeneinander, und alles fängt an zu fließen. Das ist der Punkt, wo wir die Bedienungsanleitung nicht mehr brauchen und es gelernt haben, unser Unterbewusstsein neu zu programmieren.

> *„Den **Körper** in guter Gesundheit zu erhalten ist eine Pflicht... andernfalls können wir unseren Geist nicht stark und klar halten." –*
> BUDDHA

Wie im Kapitel zu den Mythen der Achtsamkeit bereits dargestellt, ist es sehr wichtig, eine Harmonie zwischen Körper und Geist herzustellen. Wenn wir uns ungesund ernähren, zu wenig Schlaf haben, kaum an der frischen Luft sind und Bewegung für uns nur im TV stattfindet, dann nützt es auch nichts, wenn wir mit dem Achtsamkeitstraining beginnen, bzw. es wird noch schwieriger, beim ersten Sturm nicht direkt aufzugeben. Ein ungesundes Leben kostet Energie, die wir dringend brauchen, um uns gegen 95% Unterbewusstsein zur Wehr zu setzen. Unser Gehirn ist ein hochkomplexes System, was einfach einen speziellen Kraftstoff benötigt, um optimal funktionieren zu können. Regelmäßige Ruhephasen sind wesentlich, damit der Motor nicht überhitzt, und ohne ausreichend Bewegung rostet es einfach ein. Wenn wir wollen, dass das Projekt Achtsamkeit gelingt, ist es wichtig, Schritt für Schritt so gute Rahmenbedingungen wie möglich zu schaffen und unser Gehirn etwas mehr zu pflegen.

Das bedeutet zunächst 7-8 Stunden Schlaf, da unser Gehirn so am besten funktioniert. Wenn wir ausreichend geschlafen haben, treffen wir bessere Entscheidungen und es fällt uns insgesamt leichter, unsere Emotionen und Launen zu steuern. Wer zu Beginn des Achtsamkeitstrainings noch unter Schlafstörungen leidet, der sollte versuchen, direkt vor dem Schlafen zu meditieren und seine Gedanken in einem Tagebuch auszulagern.

Da unser Gehirn zu rund 80% aus Wasser besteht, ist es wichtig, ausreichend zu trinken. Bereits ein Absinken des Wassergehaltes (Hydration) um 1-3 Prozent kann sich negativ auf unsere Konzentration, unsere Aufmerksamkeit und auf unseren Willensmuskel auswirken. Aber auch unser Körper ist, ohne eine ausreichende Wasserzufuhr, nicht in der Lage, seinen grundlegenden Aufgaben adäquat nachzugehen, da der Nährstoff- und Sauerstofftransport nicht optimal funktioniert. Da wir bereits um mehr als 3 Prozent dehydriert sind, wenn wir Durst haben, ist es wichtig, nicht so lange zu warten, bis wir durstig sind, sondern regelmäßig über den Tag verteilt Wasser oder ungesüßten Kräutertee zu trinken. Grundsätzlich gilt die Faustregel: Je 15kg Körpergewicht einen halben Liter pro Tag zu trinken.

Neben ausreichend Schlaf und Wasser ist auch unsere Ernährung essenziell. Unser Gehirn macht nur 2 Prozent unseres Körpergewichtes aus, benötigt jedoch 20 Prozent unseres gesamten Energiebedarfes, den wir durch unsere Ernährung decken. Eine Ernährungsweise mit Industrienahrung, zu viel Zucker und gesättigten Fettsäuren ist einfach Gift für unser Gehirn und führt zu Stimmungsschwankungen und macht uns im schlimmsten Fall sogar dumm. Es ist daher wichtig, auf eine natürliche und ausgewogene Ernährung zu achten, die reich an Proteinen, Vollkornprodukten, guten Fetten und buntem Gemüse ist.

Zu guter Letzt ist auch eine ausreichende Sauerstoffversorgung für unsere Schaltzentrale unabdingbar. Sport oder Bewegung sorgt nicht nur für eine bessere Versorgung mit Sauerstoff, sondern hilft auch dabei, die Neuroplastizität unseres Gehirns zu verbessern. Und wie wir bereits wissen, ist sie die Basis dafür, dass wir unser Betriebssystem neu programmieren können. Auch hier gilt wieder das Prinzip der Regelmäßigkeit. Sport sollte mindestens 3x die Woche auf unserem To-do-Liste stehen und man sollte versuchen, täglich mindestens 30min an der frischen Luft zu sein.

Je mehr wir auf unseren Körper und unser Gehirn achten, desto mehr Energie steht uns zur Verfügung und umso leichter wird es uns fallen, innerlich im Gleichgewicht zu sein und unseren inneren Stimmen zu widerstehen.

> *„Ein Traum, den man alleine träumt, ist nur ein Traum. Ein Traum, den man **zusammen** träumt, wird Wirklichkeit." –*
> YOKO ONO

Eigentlich ist unsere Arbeit der perfekte Ort, um Achtsamkeit zu lernen. Gewöhnlich arbeiten wir in Teams und oftmals ist es wesentlich einfacher, in der Gruppe einen Zugang zur Meditation und zur Achtsamkeit zu finden. Hier greift die spirituelle Ebene, die uns während der Meditation alle irgendwie miteinander verbindet. In der Gruppe zu meditieren, erschafft eine Energie, die sich auf jeden Einzelnen überträgt. Es ist schwer, das in Worte zu fassen, aber in der Gruppe wird eine Intensität erzeugt, die alles etwas leichter und schneller zugänglich macht. Man fühlt sich verbunden und das Erlebte schweißt zusammen. Wenn man mit anderen zusammen lernt, kann man sich über Erfahrungen, Probleme oder Hürden austauschen und gegenseitig unterstützen. Man fühlt sich verstanden und aufgehoben, was die eigene Entwicklung und den Team-Spirit fördert.

Da leider noch viel zu wenig Menschen das Glück haben, in einem derartig innovativen Unternehmen zu arbeiten, empfehle ich, sich bei seinem Projekt Achtsamkeit eine Gruppe zu suchen, mit der man gemeinsam trainieren kann. In jeder Stadt gibt es Einrichtungen, in denen Meditationen kostenlos angeboten werden. Man sollte diese gemeinsame Erfahrung einfach ausprobieren. Und manchmal hat man Glück und die Chemie der Gruppe ist so positiv, dass sie uns dabei unterstützt, uns schneller zu entwickeln. Auch ein Achtsamkeits-Coach kann dabei helfen, das Projekt Achtsamkeit wirklich umzusetzen.

Wenn man Achtsamkeit in der Gruppe oder mit einem Partner übt, ist es jedoch sehr wichtig, sich niemals bezüglich des Fortschrittes zu vergleichen. Es ist wichtig, sich auszutauschen, aber es sollte dabei niemals eine Bewertung der Erfahrung erfolgen. Wie ich bereits am Anfang geschrieben habe, erlebt jeder Achtsamkeit anders, daher erlebt man in den seltensten Fällen das Gleiche. Auch haben wir alle eine unterschiedliche Vergangenheit, die unterschiedliche Erfahrungen hervorruft. Der eine findet schneller Zugang zu diesen Themen, dem anderen fällt es so wie mir nicht so einfach. Vergleich führt zu Unzufriedenheit, Neid oder Minderwertigkeitskomplexen und das sind alles Faktoren, die Gift für deinen Willensmuskel sind.

„**Schlaf** ist die beste Meditation." –
DALAI LAMA

Ein weiteres sehr wirkungsvolles Hilfsmittel ist, das Instrument der Visualisierung kurz vor dem Schlafengehen anzuwenden. Schlaf-Forschungen konnten nachweisen, dass wir im Schlaf Gewohnheiten verinnerlichen. Wenn wir uns also kurz vor dem Schlafengehen nochmal visualisieren, wie wir Achtsamkeit praktizieren, so steigt die Wahrscheinlichkeit, dass wir diese neue Gewohnheit im Schlaf immer mehr verinnerlichen werden. Wenn wir uns in der Visualisierung gleichzeitig vorstellen, wie sich unser Leben durch Achtsamkeit verändert, dann kann sich dies ebenfalls positiv auf unseren Willensmuskel auswirken. Unser Gehirn unterscheidet nicht zwischen Dingen, die wir tatsächlich erleben oder uns nur gedanklich vorstellen. Je mehr wir uns in unseren Visualisierungen unser neues Leben vorstellen und damit an unsere Veränderung glauben, desto realer wird sie und so wird es immer einfacher, die neue Gewohnheit fest in uns zu verankern.

Der Effekt der Visualisierung vor dem Schlaf funktioniert umso besser, je regelmäßiger wir zu festen Uhrzeiten ins Bett gehen und aufstehen, da wir so besser ein- und durchschlafen können, was wiederum den Lerneffekt im Schlaf verbessert.

4.2 Hilfe, mir tut alles weh: Umgang mit Schmerzen, Lustlosigkeit und anderen Hindernissen

> *„Hindernisse und Schwierigkeiten sind Stufen,
> auf denen wir in die Höhe steigen." –*
> FRIEDRICH NIETSCHE

Zur Verbesserung meiner eigenen Achtsamkeitspraxis versuche ich, regelmäßig Zeit im Schweigekloster zu verbringen. Mein erster, längster und intensivster Aufenthalt war in einem buddhistischen Kloster in Thailand, in dem ich einige Zeit als Nonne gelebt habe. 15 Stunden meditieren standen hier auf der Tagesordnung und nach einer gewissen Zeit hatte ich nur noch eins: Schmerzen. Wir durften 5min am Tag mit unserem Mönch reden und, wenn ich ihn fragte, was ich gegen die Schmerzen machen soll, sagte er immer wieder: „Es ist nur eine Illusion." Ich wusste, was er meinte, weil ich viel davon gelesen hatte, aber etwas zu wissen und diese Erfahrung selbst zu machen, ist nochmal eine ganz andere Hausnummer. Das Wissen hat mich nicht zu einer Lösung des Problems gebracht. Viel später und in einem ganz anderen Kontext habe ich erst begriffen, was er meinte.

Joggen war für mich immer ein Kampf. Bereits nach 5min fing mein Verstand an zu nerven: „Ich kann nicht mehr, meine Beine tun weh, ich schaffe es nicht, ich war ja noch nie ein Läufer, es ist langweilig." Spätestens nach 30min hatte mein Verstand gewonnen und ich beendete völlig erschöpft, mit schmerzenden Beinen und unentspannt meine Joggingrunde. Doch irgendwann hatte ich mich entschieden, das Gerede meines Kopfes zu ignorieren. Ich konzentrierte mich, so wie ich es im Kloster im Rahmen der Geh-Meditation gelernt hatte, ausschließlich auf meine Schritte, das Laufen an sich. Immer wenn mein Verstand sich einmischte und mir erzählen wollte, dass meine Beine weh tun, habe ich mich wieder auf den Laufvorgang konzentriert. Und auf einmal lief ich eine Stunde am Stück, was für mich vorher schier unmöglich gewesen wäre. Nicht nach regelmäßigem Training und einer kontinuierlichen Steigerung der Zeit. Nein, ich bin einfach so 1 Stunde gelaufen. Ich hatte nicht so wie sonst aufgehört, weil ich nicht mehr konnte, sondern weil ich so erschrocken war, dass ich eine Stunde gelaufen war. Und in dem Moment begriff ich, was der Mönch mir sagen wollte.

Die Buddhisten sprechen in diesem Fall von den zwei Pfeilen. Der erste Pfeil ist der tatsächliche Schmerz, der bei mir im Kloster daraus resultiert ist, dass mein Körper es einfach nicht gewohnt war, so lange zu sitzen und zu meditieren. Der zweite Pfeil ist unsere eigene Bewertung, unsere Ablehnung und unser Kampf gegen den Schmerz. Nur der zweite Pfeil lässt uns anspannen und verkrampfen und verdoppelt oder verlängert unser Schmerzempfinden.

Auch hier gilt: Annehmen. Loslassen. Frieden. Sicherlich wird jeder, wenn er mit dem Meditieren beginnt, Schmerz empfinden. Doch wenn wir ihn annehmen, nicht bewerten und dann wieder loslassen, wird er uns auch nicht länger während der Meditation stören. Gerade am Anfang fällt jedoch genau das schwer und daher lassen viele irgendwann von der Meditation ab, weil sie keinen Weg finden, mit diesem Schmerz umzugehen. Dazu kommt der Verstand, der nicht versteht, warum etwas positiv sein soll, wenn es Schmerzen verursacht.

Doch das Erlernen von Meditation ist ein Prozess. Kein Kind hat je laufen gelernt, ohne hinzufallen. Kein Fahrschüler lernt Autofahren, ohne es zu Beginn mindestens einmal abzuwürgen. Und genauso ist es auch beim Erlernen von Meditation. Die meisten Probleme resultieren aus unserer angestrengten Haltung. Wenn wir eine Zeit lang sitzen, fangen Rücken, Knie oder andere Körperteile an zu schmerzen. Doch diese Anstrengung nimmt mit zunehmender Übungspraxis stetig ab.

Mediation lernen wir grundsätzlich in 3 Phasen und jede dieser Phasen ist mit einem unterschiedlichen Grad an Anstrengung verbunden. Wenn wir mit dem Meditieren beginnen, verwenden wir viel Anstrengung darauf, unseren Geist in Zaum zu halten und das ständige Umherwandern unserer Gedanken zu verhindern. Wir nehmen eine Körperhaltung ein, so wie wir glauben, dass es richtig ist, und wir versuchen mit aller Kraft, in den gewünschten meditativen Zustand zu bekommen. Und genau diese Anstrengung führt zu Anspannung und die verursacht oft Schmerzen, Unwohlsein und nimmt uns oft, egal wie motiviert wir auch sein mögen, den Spaß am Meditieren.

In der zweiten Phase strengen wir uns immer noch an, aber wir schaffen das bereits mit weniger Anspannung und erleben immer mehr den Zustand der Entspannung, was auch zu weniger Schmerzen führt. Wir haben mit der Zeit die optimale Sitzposition gefunden und unser Körper hat sich auch an eine längere Zeit in dieser Position gewöhnt. Unser Geist wandert zwar immer noch umher, aber wir haben in dieser Phase bereits verinnerlicht, dass dies nicht schlimm ist. Es stresst uns nicht mehr und führt so zu weniger Anspannung und damit verbundenen Schmerzen.

Ein regelmäßiges Training über einen längeren Zeitraum bringt uns schließlich in einen Zustand, wo wir uns kaum bis gar nicht mehr anstrengen. Wir verschmelzen mit unserer Umgebung und kommen bereits nach einer sehr kurzen Zeit in diesen meditativen Zustand. Unser Unterbewusstsein hört auf, sich ständig in alles einzumischen und, selbst wenn, dann stört es uns nicht mehr. Der zweite Pfeil und der damit verbundene Schmerzen bleibt aus.

Sofern wir dennoch Schmerzen empfinden, können wir unsere Haltung achtsam anpassen. Auch das ist nicht schlimm. Mir passiert es nach all den Jahren immer mal wieder, dass mein Fuß einschläft. Wichtig ist in solchen Momenten einfach, dass wir nicht sofort unkontrolliert reagieren, sondern diese Entscheidung bewusst treffen und achtsam in die Übung integrieren.

Während unseres Trainings werden wir auch immer mal wieder auf Lustlosigkeit, Frustrationen, negative Erfahrungen oder Langeweile stoßen. Auch das gehört zum Meditationsprozess. Wie wir im Kapitel zu den Gewohnheiten gelernt haben, wird unser Körper und unser Geist kreativ, um uns von neuen Gewohnheiten abzubringen. Entscheidend ist auch hier, wie wir damit umgehen. Wenn wir all das als Teil des Prozesses betrachten, werden wir auch Erfolg haben, auf unserer Festplatte Schritt für Schritt neue, positive Erfahrungen abzuspeichern. All das gehört einfach dazu. Jeder Leistungssportler wird bestätigen, dass er auch mal Phasen hat, wo er einfach keine Lust hat, frustriert ist oder ihm alles schmerzt. Doch wenn wir genau in diesen Momenten weitermachen und unseren Geist einfach reden lassen, so wie ich im Beispiel mit dem Joggen, erleben wir oft die intensivsten Gefühle und wundervollsten Momente. Wie alles im Leben braucht es auch beim Erlernen von Meditation oder Achtsamkeit Geduld und Übung. Während es zum Anfang noch anstrengend sein kann, geht dieses Gefühl mit der Zeit in Entspannung über. Es hilft, zu begreifen, dass wir alle diese Phasen durchlaufen und es hilft, den Schmerz oder das ständige Geplapper unseres Geistes nicht allzu ernst zu nehmen und einfach immer weiter zu machen.

4.3 Die typischen Stolpersteine: achtsamer Umgang mit Stress, Kritik, Wut, Angst und der weitverbreiteten Status-Sucht

> „Aus Stolpersteinen, die einem in den Weg gelegt werden, kann man Treppen zum Himmel bauen." –
> LILLI U. KRESSNER

Gerade unsere Arbeit ist eine große Gefahrenquelle, wenn es darum geht, uns vom Weg abzubringen und unseren Willensmuskel zu schwächen. Im Grunde lauern an jeder Ecke Prüfungen, die uns immer wieder aus unserer Achtsamkeit bringen und die es zu überwinden gilt. Auch hier ist es einfacher, wenn man sich die Bedienungsanleitung für sein Gehirn immer mal wieder anschaut und sich daran erinnert, wie unser Denkapparat bei den typischen Stolpersteinen unseres Arbeitsalltages gewöhnlich reagiert. Wenn man die grundlegenden Mechanismen versteht und durch Achtsamkeit lernt, die Dinge aus der Vogelperspektive zu betrachten, fällt es uns wesentlich leichter, unser Schiff auch bei den größten Stürmen fest verankert durchs Leben zu navigieren.

Achtsamkeit ist hier wie unser Motor, der uns selbst im tiefsten Schnee oder dicksten Matsch hilft, voranzukommen. Dieser Motor gibt uns Kraft und lehrt uns, die Dinge so anzunehmen, wie sie sind, anstatt ständig dagegen anzukämpfen und irgendwann im Leerlauf zu enden. Wir lernen, dankbar zu sein für all das, was wir haben, und so hören wir auf, endlos zu suchen. Achtsamkeit sorgt dafür, dass wir selbst in den schwierigsten Situationen nicht den Mut, die Kraft oder die Hoffnung verlieren, und lehrt uns, dem Leben einfach zu vertrauen. Dieser Motor hilft uns, selbst die schwierigsten Situationen zu bezwingen und doch in allem immer etwas Positives zu sehen.

4.3.1 Stress: Warum es schwer ist, Stress zu entkommen und wie wir mit Achtsamkeit auf die Stressbremse treten

> „Stress hat man nicht,
> man macht ihn sich." –
> ABA ASSA

Stress gehört im Arbeitsalltag schon fast zur Normalität. Forscher gehen davon aus, dass durch die zunehmende Digitalisierung und Verdichtung der Arbeit, Stress sogar noch weiter zunehmen wird. Stress ist somit einer der wesentlichsten Stolpersteine, der uns auf der Arbeit immer wieder begegnen wird.

Die wirtschaftlichen Folgen von Stress liegen nicht nur in einer erhöhten Zahl an Kranken- und Fehltagen. Das sind nur Folgen, die wir auch tatsächlich messen können. Stress wirkt sich jedoch vor allem auf unser Potenzial und damit auf unsere Arbeitsleistung aus. Ein gestresster Verstand kann weniger klar denken, sieht die Zukunft pessimistischer, nimmt weniger wahr und fängt an auf alles, was um ihn herum passiert, negativ zu reagieren. Durch Stress wird unser höheres Denken heruntergefahren. Dies bezieht sich auf unsere sog. Exekutivfunktionen wie die Regulation unserer Emotionen, die Lösung komplexer Probleme oder flexibles und agiles Denken. All dies geschieht, um uns zu beschützen und keiner möglichen Gefahr auszusetzen. Doch die Folgen auf unsere Arbeitsleistung und damit die Produktivität sind kaum in Zahlen messbar.

Stress kostet uns nicht nur Lebensenergie, Produktivität, Spaß und Kreativität. Stress kann im schlimmsten Fall sogar unser ganzes System lahmlegen. Leider reagieren wir auf Stress in einer Weise, die ihn füttert und aufrechterhält, statt uns davon zu befreien. Das liegt daran, dass wir in einen typischen Stress-Strudel gelangen, aus dem es gar nicht so einfach ist, wieder herauszukommen.

Zunächst einmal wirkt sich nicht jeder Stress, den wir auf der Arbeit empfinden, negativ aus. Der meiste Stress in unserem Leben lässt sich bewältigen, weil die Natur uns mit Mechanismen ausgestattet hat, die Stressreaktionen abmildern. So schaltet sich etwa unser parasympathisches Nervensystem ein, damit wir uns wieder entspannen.

Tatsächlich ist es sogar so, dass sich Stress und Druck zunächst positiv auf unsere Leistungen auswirken und motivierend sind. Man spricht hier vom sog. Yerkes-Dodson-Gesetz, dass auf zwei Psychologen beruht, die herausgefunden haben, dass sich stressige Situationen positiv auf die Bewältigung einer Aufgabe auswirken. Die Angst oder der Wunsch, negative Folgen wie Fehler und den damit verbundenen Statusverlust zu vermeiden, erhöht unsere Motivation und Aufmerksamkeit, was sich in Summe positiv auf die Ausführung der Aufgabe auswirkt. Doch dieses Gesetz wirkt nur bis zu einem gewissen Punkt. Wenn dieser Punkt überschritten wird, nimmt unsere Leistungsfähigkeit rapide ab. Auch das ist ein Gesetz: Je größer der Stress wird und je länger er anhält, desto geringer wird unsere Leistungsfähigkeit. Und irgendwann ist der Akku einfach leer.

Wenn wir eine stressige Situation erleben, dann dauert es gewöhnlich 20–60min, bis unser Körper wieder auf ein normales Level heruntergefahren ist. Der Parasympathikus, dessen Aufgabe es ist, unserer angeborenen Kampf-Flucht-Reaktion entgegenzuwirken, benötigt viel Energie, um die Effekte von Stress auszuhebeln. Wenn der Stress jedoch dauerhaft ist, ist der Muskel des Parasympathikus irgendwann ausgeleiert und erschöpft und die körperlichen und geistigen Auswirkungen von Stress werden „normal". Das führt dazu, dass es keine Regulation mehr bei der Ausschüttung von Stresshormonen in unserem Gehirn gibt. Sie werden also nicht mehr ausgeschüttet, wenn es nötig ist, Hormone wie Adrenalin oder Cortisol sind dann immer aktiv.

In den überwiegenden Fällen verschlimmern wir die Situation dann nur noch, solange bis Körper und Geist gänzlich kapitulieren. Man be-zeichnet dies als den sog. Stress-Zyklus. Alle Versuche, die wir unternehmen, um Stress abzubauen oder zu verringern, verursachen oft nur noch mehr Stress und haben zahlreiche negative Folgen, die ihrerseits wieder Stress hervorrufen und so weiter. So arbeiten wir oft noch mehr, Schlafen weniger und schlechter, ernähren uns ungesünder und bewegen uns kaum noch. Hinzu kommen Alkohol, Medikamente oder Drogen, weil wir nach der Arbeit versuchen, in einen Entspannungszustand zu kommen. In Summe klauen all diese Faktoren uns jedoch noch mehr Energie aus unserem Akku und wir landen in einem Teufelskreis, der kaum noch zu stoppen ist.

Achtsamkeit gilt als einer der wirkungsvollsten Stresskiller überhaupt – und das in vielerlei Hinsicht. So beginnt der Stress zunächst immer im Kopf. Meist denken wir an ein Ereignis in der Zukunft (z. B. die Fertigstellung eines Projektes) und vermischen dies mit einer Erinnerung aus der Vergangenheit (als wir durch ein verhageltes Projekt die Chance auf eine Beförderung vertan haben). Unser Gehirn zählt 1 und 1 zusammen, wertet das Ganze als Bedrohung und das Ergebnis ist Stress. Achtsamkeit lehrt uns, im Hier und Jetzt zu leben. Wir lernen, weniger Gedanken für Vergangenheit und Zukunft zu verschwenden – und genau das lässt viele typischen Stressoren erst gar nicht entstehen.

Ein weiterer wesentlicher Stressor, der fast schon einer menschlichen Grundeinstellung gleicht, ist Widerstand. Doch Widerstand erzeugt Stress im gesamten System und sorgt dafür, dass wir uns noch viel tiefer in Vergangenheit und Zukunft verstricken. Wie zu Beginn erläutert, ist Annehmen ein zentrales Element der Achtsamkeit und ist eine der wirkungsvollsten Methoden, Stress zu verhindern. Akzeptanz bremst den inneren Widerstand aus und bringt uns ins Handeln bzw. in die Lösung. Auch so verhindern wir einen Großteil des Stresses, der uns auf der Arbeit begegnet.

Gleichzeitig lernen wir in der Achtsamkeit, uns nicht mit allem zu identifizieren, was unser Gehirn uns tagtäglich glauben lassen will. Viele Stressoren, die uns auf der Arbeit begegnen, sind lediglich Produkte unseres Gehirns. Wir interpretieren den Blick unseres Chefs als Abneigung und das erzeugt Stress, weil wir ja eventuell gekündigt werden könnten oder die Beförderung, auf die wir seit Jahren hoffen, nicht eintreten wird. Durch Achtsamkeit nehmen wir unsere Gedanken wahr, beobachten sie und lassen sie dann einfach ziehen. Allein dieser Aspekt verhindert unzählige Dramen, die zu Stress führen.

Grundsätzlich sollten wir Stress immer als Navigationsgerät betrachten, das uns zeigt, dass irgendetwas in uns in einem Ungleichgewicht ist. Selbstfürsorge und Selbstreflexion, die wir in der Achtsamkeit erfahren, helfen uns, nicht in die beschriebene typische Stressfalle zu fallen und dieses Ungleichgewicht kurzfristig zu beheben. Und so kommen wir wieder in einen Zustand, wo Stress positiv erlebt wird, weil er leistungssteigernd und motivierend wirkt.

Wenn du auf der Arbeit sehr viel Stress erlebst und nicht weißt, was du genau in diesem Augenblick tun sollst, dann hilft es, sich immer auf seine Atmung zu konzentrieren. Selbst Ärzte oder Krankenschwestern nutzen den positiven Effekt der Atmung, wenn sich ein Patient in einer akuten Stresssituation befindet, und fordern daher auf, ganz tief ein- und auszuatmen.

An diesem beruhigenden Effekt ist der Parasympathikus beteiligt, der Teil unseres vegetativen Nervensystems ist. Der Parasympathikus ist unser innere Buddha: Er sorgt für Ruhe und steuert Körperfunktionen wie unseren Herzschlag, Atmung und Verdauung. Er dient der Regeneration, dem Aufbau von Kraftreserven, kurbelt unseren Stoffwechsel und unsere Verdauung an. Wenn wir uns auf unseren Atem konzentrieren, wird der Parasympathikus aktiviert: Wir beruhigen uns, da Atmung und Herzschlag von ihm in den Ruhe-Modus geschalten werden.

Du kannst in sehr stressigen Situationen also kurz innehalten und ganz bewusst tief ein- und ausatmen. Diese kurze Übung wird dir immer helfen, egal wie stressig die Situation auch sein mag.

4.3.2 Kritik: Warum sie verletzt und wie wir gelassener damit umgehen

> „Man gewinnt immer, wenn man erfährt, was andere von uns denken." –
> JOHANN WOLFGANG VON GOETHE

Wenn wir etwas nicht so einfach aus dem Kopf bekommen, dann ist es Kritik. Oft verhagelt Kritik uns noch Wochen die Laune und belastet neben unserer Arbeit vor allem unser Privatleben. Doch gerade auf der Arbeit gehört Kritik einfach dazu. Spätestens am Ende des Jahres, wenn die allseits beliebten Jahresgespräche vor der Tür stehen, kann Kritik uns schon mal aus der Achtsamkeit bringen.

Dies liegt vor allem daran, dass wir Menschen eine tief verwurzelte Motivation besitzen, unsere soziale Position zu bewahren. Kritik, Beleidigungen oder auch Spott greifen unser Selbstwertgefühl an und fügen uns, aus Sicht unseres Gehirns, potentiellen Schaden zu. Vor allem, wenn diese

Kritik in der Öffentlichkeit, z. B. vor Kollegen, stattfindet. Unser unbewusstes Ziel, gemocht zu werden, wird damit angegriffen und infrage gestellt.

Unser Gehirn wertet Kritik als Bedrohung. Es sieht den sozialen Status gefährdet, den eine Person ihrer eigenen Auffassung nach besitzt. Wenn sich unser Gehirn bedroht fühlt, dann führt das zu Stress und unser Gehirn schüttet das Stresshormon Cortisol aus. Cortisol führt dazu, dass sich unsere Aufmerksamkeit erhöht, unsere Erinnerungen werden lebendiger und treten stärker in den Vordergrund. Das ist einer der Gründe, warum es uns schwerfällt, von Kritik abzulassen bzw. sie aus dem Kopf zu bekommen, und warum sie uns oft noch Wochen verfolgt.

Wenn wir zu einer Sache kritisiert werden, auf die wir sehr stolz sind und in die wir viel Zeit und Mühe investiert haben, dann ist der Effekt in unserem Gehirn sogar noch wesentlich stärker. Auch hat jeder von uns oft einen kleinen Restzweifel in sich, was uns sensibler werden lässt. So fangen wir an, in allem eine Bedrohung zu sehen, und fühlen uns oftmals kritisiert, ohne dass wir wirklich Kritik erfahren haben.

Während ein Lob im Gehirn Oxytocin freisetzt, was nach ca. 5min wieder aus dem Blutkreislauf verschwunden ist, verbleibt das Cortisol länger als eine Stunde im Blut. Während also Lob wie Öl runtergeht, macht sich Kritik erstmal im Blut breit. Und das führt dazu, dass uns Kritik wesentlich länger präsent ist als ein Lob. Damit besteht auch viel eher die Wahrscheinlichkeit, dass unser Ego sich daran festbeißt und uns aus der Achtsamkeit bringt.

Oftmals beginnt nach der Kritik das Gedankenkino und wir kommen in eine Dauerschleife und es fällt uns schwer, von der Kritik abzulassen. Wir steigern uns immer mehr hinein und laden uns immer mehr mit Emotionen auf, was am Ende sogar dazu führen kann, dass uns unsere Arbeit keinen Spaß mehr macht. Wenn man den natürlichen Kreislauf, der in unserem Gehirn abläuft, jedoch verstanden hat, kann man mit Achtsamkeit lernen, das Muster zu durchbrechen und Kritik eher für sich zu nutzen.

Grundsätzlich helfen uns auch hier die drei „Grundwerte" der Achtsamkeit, die ich am Anfang vorgestellt habe: Annehmen, Nicht-Bewerten und Loslassen.

Zunächst lernen wir die Dinge so anzunehmen, wie sie sind. Wir oder unsere Arbeit wurden kritisiert, ok, ist jetzt so. Wenn wir die Kritik nicht als schlecht bewerten, dann löst sie auch keine negative Reaktion in uns aus. Wir betrachten die Kritik also eher neutral, was dazu führt, dass unser Gehirn uns weder mit Cortisol noch mit Oxytocin überschüttet. Die Folge, das Gedankenkarussell, bleibt aus. Abschließend heißt es einfach: Loslassen. Kritik gehört dazu, jeder hat seine Sichtweise, es lohnt sich nicht, weiter daran festzuhalten, also loslassen und der innere Frieden kehrt zurück.

Das heißt natürlich nicht, dass man Kritik nie für voll nehmen sollte. Ich persönlich halte Kritik für sehr wichtig, da man sich nur so weiterentwickeln kann. Wenn dir niemand sagt, was du nicht so gut machst, wie willst du es dann verbessern? Es geht nur darum, wie wir mit Kritik umgehen. Annehmen, wertfreie Beobachtung und Selbstreflexion helfen uns, Kritik besser zu verarbeiten oder daraus sogar neue Impulse zu gewinnen. Wir lassen los und verschwenden nicht unnötig Energie mit sinnlosen Dramen und Warum-, Wieso-, Weshalb-Fragen.

4.3.3 Wut: Wieso wir wütend werden und wie wir den Hulk-Modus wieder deaktivieren

> „Das Festhalten an Wut ist, als wenn du ein glühendes Stück Kohle festhältst mit der Absicht, es nach jemandem zu werfen – derjenige, der sich dabei verbrennt, bist du selbst." –
> BUDDHA

Machen wir uns nichts vor, insbesondere unsere Arbeit bzw. Kollegen, Vorgesetzte oder interne Strukturen und Prozesse schaffen es immer mal wieder, uns von 0 auf 180 zu bringen. Uns steigt das Blut in den Kopf und Adrenalin pumpt durch unsere Adern. Meistens ist das Verhalten der anderen Person für unsere eigene innere Reaktion noch nicht mal annähernd gerechtfertigt – und trotzdem reagieren wir auf diese Weise. Um mit derartigen Situation achtsam umgehen zu können, hilft auch hier wie bei den vorangegangenen Stolpersteinen zunächst das Verstehen, warum wir wütend werden, und dann die regelmäßige Übung, so dass wir irgendwann bei aufsteigenden Gewitterwolken einfach die Stopp-Taste drücken können.

Um Wut besser zu verstehen, stellen wir uns zunächst einen Ur-Menschen vor. Aus einem herabgefallenen Ast und einem Stein stellt er sich mühsam eine Axt her. Kaum ist er fertig, kommt ein anderer Steinzeitmensch und klaut die Axt. Sicherlich kann man nun einfach sitzen bleiben und sich sagen: „Ich bin achtsam, ist mir doch egal." Doch zu Zeiten der Ur-Menschen bedeutete dies, dass man erstens weniger zu essen hatte und zweitens in der Horde mit weniger Respekt behandelt wurde und so seinen Status in der Gruppe gefährdet hat. Also, es wurde Wut aufgebaut und wild um die Axt gekämpft.

Aus neurologischer Sicht ist Wut die Reaktion auf eine Bedrohung und gehört neben Angst, Ekel, Scham und Traurigkeit zu den sog. Überlebensemotionen. Wenn nun in der heutigen Zeit ein Kollege über uns lacht oder uns anlügt, dann wertet unser Steinzeit-Gehirn das noch immer als Bedrohung und wir werden wütend. Es fügt uns keinen Schaden in physischer Hinsicht zu, aber unser sozialer Status könnte darunter leiden und muss verteidigt werden.

Unser Gehirn will uns mit der aufkommenden Wut aber nicht nur vor Bedrohungen schützen. Wut dient auch dazu, den Schaden, der durch Stress in uns entsteht, zu reduzieren. So führen Bedrohungen zu Angst und Angst verursacht Stress. Stress führt durch die Ausschüttung des Hormons Cortisol zu negativen Effekten für Körper und Gesundheit. Wut führt jedoch dazu, dass der Cortisolspiegel sinkt und so der Schaden, der durch Stress versucht wird, geringer ausfällt. Auch kann Wut zu einer optimistischeren Denkweise führen: Anstatt vom Negativen auszugehen, glaubt man, mit jedem Problem fertig werden zu können und es den anderen nächstes Mal so richtig zu zeigen.

Die Wissenschaft geht davon aus, dass das Empfinden von Wut bei jedem von uns gleich abläuft. Nur die Art und Weise, in der wir handeln, wenn wir Wut verspüren, unterscheidet uns voneinander. Achtsamkeit schützt uns somit nicht vor Wut und Ärger, aber durch Achtsamkeit können wir den Hulk-Modus in unserem Gehirn rechtzeitig ausschalten.

Achtsamkeit verbessert unsere Emotionsregulation, indem sie einen inneren Beobachter in uns weckt, der uns quasi eine Sekunde Vorsprung vor unserer eigentlichen Reaktion verschafft. Wir spüren und sehen die Wut also ganz bewusst in uns aufsteigen, können den Schalter dadurch aber rechtzeitig umlegen.

Weiterhin hilft uns Achtsamkeit, besser mit der Wut umzugehen. So passiert es oft, dass Wut uns über Tage oder Wochen verfolgt, besonders dann, wenn wir die Wut nicht wirklich rausgelassen haben. Achtsamkeit hilft uns, diesen brennenden Stein loszulassen, da wir lernen, dass er im Grunde nur uns selber schadet.

Wenn unser Chef, ein Kollege oder irgendwelche sinnlosen Prozesse uns das nächste Mal zur Weißglut bringen, sollten wir uns als Erstes immer bewusst machen, dass dies ein völlig natürlicher Mechanismus in unserem Gehirn ist. Dann kommt Achtsamkeit ins Spiel. Wir treten einen Schritt zurück, atmen tief ein und aus und beginnen, unsere Gedanken zu beobachten. In einem ruhigen Moment oder abends daheim ist es wichtig, in die Selbstreflexion zu gehen und zu versuchen, zu ergründen, warum wir uns bedroht, angegriffen oder ungerecht behandelt gefühlt haben. So können wir sicherstellen, dass unsere Gedanken uns nicht all zulange verfolgen und damit hat dann auch schon der Prozess des Loslassens begonnen.

4.3.4 Angst: Wie sie entsteht und wie wir sie wieder loswerden

„Sag niemals nie, denn Grenzen,
wie Ängste, sind nur eine Illusion." –
MICHAEL JORDAN

Auch Angst ist mittlerweile ein zentraler Bestandteil unseres Arbeitsalltages. Ob nun die Angst vor einer Präsentation oder die Angst um unseren Arbeitsplatz: Angst ist leider allgegenwärtig und lähmt viele in ihrer Produktivität und damit daran, ihr volles Potenzial zu entfalten. Doch auch Angst ist ein normaler Vorgang in unserem Gehirn, dem wir gezielt und achtsam gegensteuern können.

Nehmen wir als Beispiel eine wichtige Präsentation oder unseren ersten Tag in der neuen Position als Führungskraft. Wenn wir uns die Präsentation oder diesen Tag vorstellen, beginnt unser Gehirn, sich verschiedenste

Szenarien in der Zukunft vorzustellen: „Was passiert, wenn ich den Faden verliere? Was passiert, wenn sie mich unsympathisch finden? Schaffe ich die Präsentation in der vorgegebenen Zeit? Was ist, wenn ich Fragen nicht beantworten kann? Was passiert, wenn…?". Oft fängt es mit kleinen Zweifeln oder Unsicherheiten an, die dann in einer zweiten Phase zu Angst führen.

Unser Gehirn beginnt, in unserer Vergangenheit zu wühlen, und sucht Situationen, die unserer imaginären Zukunft ähneln. Wir erinnern uns an eine Präsentation im Studium oder in der Schulzeit oder an eine Zeit, wo wir vielleicht schon einmal unseren Job verloren haben. Und so rechtfertigt unser Gehirn unsere Unsicherheiten und Ängste mit Beispielen aus der Vergangenheit. Damals war es so und so, heute kann es genauso sein. Hinzu kommen vielleicht gut gemeinte Ratschläge von Familienmitgliedern oder Freunden, die unserem Gehirn signalisieren: Hier könnte eine potentielle Bedrohung vorliegen. Und so schaltet unser Denkapparat in den Flucht bzw. Angstmodus. Und das führt leider dazu, dass sich unsere vielleicht optimistische Grundeinstellung langsam in ein defensives Verhalten wandelt, was zunehmend unseren Arbeitsalltag prägt.

Die Angst verstärkt sich weiter, da wir unser Gehirn immer mehr darauf konditionieren. Und so gelangen wir in die 3. Phase der Angst, die so extrem werden kann, dass wir Panik empfinden, sobald wir nur daran denken, vor Menschen zu treten. Die anfängliche Unsicherheit bezüglich einer Präsentation beeinflusst unsere gesamte Arbeitsweise, Unbehagen erfüllt uns und wir sehen in allem eine Bedrohung.

Im Grunde haben wir auf diese Weise unserem Gehirn die Angst sukzessive antrainiert. Wir haben es immer wieder mit neuen Informationen über unsere fiktive Zukunft gefüttert und so den Angstmuskel unbewusst stetig wachsen lassen. Doch alles, was man sich antrainiert, kann man sich zum Glück auch wieder abtrainieren. Die Fähigkeit, uns selbst zu regulieren, ist uns allen angeboren. Jeder verfügt über alle Ressourcen, die man braucht, um auf seine inneren Gefühle positiv Einfluss zu nehmen. Man nennt diese Fähigkeit Achtsamkeit.

Die Wissenschaft lehrt uns, wie Angst in unserem Kopf entsteht und dass sie einem uralten Kampf-Flucht-Mechanismus in unserem Gehirn geschuldet ist. Verstehen ist eine gute Basis, die eigene Erfahrung hilft uns jedoch am besten, uns von unseren antrainierten Ängsten zu befreien.

Hier ist Achtsamkeit eine sehr wirkungsvolle Methode und wird daher seit vielen Jahren erfolgreich in der Angst-Therapie eingesetzt. Forschungen konnten sogar belegen, dass Achtsamkeit zu einer Verringerung des Angstzentrums in unserem Gehirn führt.

Durch Achtsamkeit erfahren und begreifen wir, dass wir nicht unsere Gedanken sind. Wir erkennen, dass wir nicht alles erst nehmen müssen, was unser Gehirn uns glauben lassen will. Wir begreifen, dass Angst nur entsteht, wenn wir an etwas denken, was in der Zukunft geschehen könnte, und wissen, dass Zukunft nur eine Illusion ist, denn das Leben ist nur das Jetzt, der gegenwärtige Augenblick. Wir lernen, diese aufsteigenden Gedanken und Gefühle einfach nur zu beobachten und dann wieder ziehen zu lassen. Wir lernen, dass unser Verstand uns eigentlich nur beschützen will, und begreifen, dass wir die Person sind, die unseren Verstand steuert – und nicht umgedreht.

Das Angstzentrum in unserem Gehirn wird durch Gedanken und Informationen gefüttert. Ich versuche daher, mir vor beruflich herausfordernden Situationen nie wirklich Gedanken zu machen. Ich bereite die Präsentation vor oder habe auch immer ein 2. Szenario im Kopf, aber dann ist auch Schluss. Was-Wäre-Wenn-Fragen versuche ich, konsequent zu meiden. Im Grunde sollte man einfach allem aus dem Weg gehen, was unserem Gehirn neues Futter liefert, um seinen Angstmuskel weiter zu trainieren. Es ist wichtig, sich zu informieren, aber man sollte dies auf ein absolutes Minimum beschränken. Wenn die Angst trotzdem mal akut ist, hilft es, immer sich auf seinen Atem zu fokussieren. Nur 2min konzentriert tief ein- und auszuatmen, bringt uns immer in den gegenwärtigen Moment. Das Jetzt ist frei von Sorgen, Ängsten und Problemen und so finden wir immer wieder zu uns selbst zurück. Wir erinnern uns wieder daran, dass Angst nur in unserem Kopf entsteht, und finden so immer wieder zu unserer inneren Mitte zurück.

4.3.4 Status: Warum uns Status so wichtig ist und wieso jede Führungskraft regelmäßig die Toiletten putzen sollte

„Willst du den Charakter eines Menschen erkennen, so gib ihm Macht." –
ABRAHAM LINCOLN

Ich habe selbst viele Jahre als Führungskraft gearbeitet und ein Aspekt, der mich am meisten an meiner Arbeit genervt hat, war das ständige Statusgerangel, die immerwährenden Machtspielchen und politischen Gepflogenheiten, die man zu beachten hatte. Je nach Unternehmen und Position kann das schon mal 30-40% der täglichen Arbeitszeit ausmachen. Man muss ständig auf der Hut sein, um auf die Strategiezüge seiner Kollegen auch bestmöglich reagieren zu können, und kann sich nie wirklich sicher sein, wer wirklich Freund oder Feind ist. Und dass, obwohl der eigentliche Zweck der Führungsaufgabe darin besteht, Menschen zu führen, zu coachen und zu fördern.

Statusgerangel gehört in jedem Job zur Realität und das liegt vor allem daran, dass der eigene Status eine Hauptantriebsfeder sozialen Verhaltens ist. Das ganze Leben verwenden wir unendlich viel Kraft darauf, unseren Status zu verbessern oder zu schützen. Ich selbst bin der Illusion auf den Leim gegangen, dass ein entsprechender Status und das oftmals damit verbundene Geld zu Glück und Zufriedenheit führen. Doch dem ist nicht so. Oft ist sogar das Gegenteil der Fall, weil man für diesen Status täglich kämpfen und auf unendlich viel im Leben verzichten muss.

Der eigene Status, der in Unternehmen an der Position und/oder der Anzahl der unterstellten Mitarbeiter gemessen wird, kann eine größere Belohnung sein, als das Geld, das diese Position mit sich bringt. Wenn unser Ego gestreichelt wird, dann schüttet unser Gehirn vermehrt Dopamin, Serotonin und Adrenalin aus. Das macht uns glücklicher und leistungsfähiger und so ist es nicht verwunderlich, dass unser Gehirn immer mehr von diesem Gefühl haben will, es quasi süchtig nach Erfolg wird. Gleichzeitig ist es auch nachvollziehbar, dass es einer lebensbedrohlichen Situation gleicht, wenn der mühsam aufgebaute Status gefährdet ist. Daher wird alles Menschenmögliche getan, um diesen Status aufrechtzuerhalten.

Ich habe es mir irgendwann zum Spaß gemacht, in Meetings zu beobachten, wie viele Aussagen nicht der Sache dienen, sondern eigentlich nur die Absicht verfolgen, den eigenen Status zu verbessern oder den Status anderer herabzusetzen. Es ist erschreckend, wenn man die verlorene Zeit und den damit verbundenen Produktivitätsverlust hochrechnet!

Der Wunsch, den eigenen Status zu erhöhen, treibt Menschen zu Höchstleistungen und führt zu schier unendlicher Ausdauer und Geduld. Manchmal verbringen Menschen Jahre in einer Position, die sie weder ausfüllt noch glücklich macht, nur in der Hoffnung, dass die nächste Beförderung zu mehr Status, Macht und damit Glück führt. Genau aus diesem Grund haben viele Firmen ein komplexes System aus Hierarchien, um uns unbewusst dazu zu trimmen, der Status-Verliebtheit unseres Gehirns auf den Leim zu gehen. Es werden die hochtrabendsten Titel für Positionen erfunden, nur um statusgeilen Mitarbeitern ein Gefühl der Belohnung zu geben, die sie antreibt und all die Missstände vergessen lässt, die der Job eigentlich mit sich bringt.

Doch genau dieser Statusdrang führt oft dazu, dass Menschen über Leichen gehen, manipulieren, lügen, fälschen oder Informationen verweigern, was Unternehmen am Ende wesentlich mehr schadet, als es Nutzen bringt. Das ständige Bestreben nach Status kann das gegenseitige Konkurrenzverhalten in einem Team derart steigern, dass das Gefühl der Zusammengehörigkeit, der Teamgedanke, komplett verloren geht. Das Statusgerangel wird zur ständigen Bedrohung und Bedrohung führt in unserem Gehirn vor allem zu eins: zum Stress, der im schlimmsten Fall in einem Burnout oder Depressionen enden kann.

Aufgrund der Angst, seinen Status zu verlieren, wird Neues oft komplett gemieden, denn mögliche Fehler können einen Verlust des eigenen Status zur Folge haben. Dies ist häufig die Ursache dafür, dass Führungskräfte, Manager, Geschäftsführer oder Vorstände jegliche Verantwortung von sich weisen. Denn Fehler bedeuten Statusverlust und den gilt es, mit allen Mitteln zu verteidigen.

Achtsamkeit ist die Fähigkeit unseres Geistes, die Dinge so zu sehen, wie sie sind. Unabhängig ob Mitarbeiter oder Führungskraft: Wir lassen uns weniger von Ego und Statusgedanken die Sicht vernebeln. Achtsamkeit hilft uns, zu begreifen, dass der Status, den wir glauben erlangen zu müssen, uns nicht den erhofften Frieden bringt, den wir erwarten. Den Status, den wir für unser Glück und unsere Zufriedenheit benötigen, haben wir bereits in uns, wir müssen uns nur die Zeit nehmen, ihn zu aktivieren.

Achtsamkeit hilft uns, uns nicht mehr mit unserem statusverliebten Ego zu identifizieren. Wir lernen, unser Ego aus der Distanz zu betrachten, und bemerken so, dass die Ängste und Ziele unseres Egos oft unserer eigenen Arbeitsleistung im Wege stehen. Dieses ständige Kompetenz- und Statusgerangel kostet einfach unnütze Energie. Wir lernen, wie wir unser Bedürfnis nach Status und Anerkennung verringern können, weil nicht unser Ego, sondern wir selbst die Zügel wieder in der Hand haben. Dies führt dazu, dass wir anderen Menschen und dem Leben wieder mehr vertrauen. Wir verschwenden weniger Kraft darauf, unseren Status zu halten, und verwenden die freigewordene Energie für Aufgaben, die dem Unternehmen dienen. Achtsamkeit hilft uns, unsere Statusmasken abzunehmen und wieder unser ganzes Selbst in die Arbeit einzubringen. Die Effekte auf das gesamte Unternehmen lassen sich dabei kaum in Zahlen messen. Sinn und Zufriedenheit in der eigenen Arbeit zu finden, sind eh unbezahlbar.

Führungskräfte, die Achtsamkeit praktizieren, agieren wesentlich effektiver, da sie Stimmungen besser wahrnehmen, ihre Energie auf das wesentliche konzentrieren und so unnötige Energien durch Statusgerangel und Machtspiele vermeiden. Als Führungskraft ist es wichtig, darauf zu achten, den Status unseres Gegenübers nicht zu bedrohen. Dies ist möglich, indem wir unseren eigenen Status herabsetzen. Auch hierbei kann uns Achtsamkeit helfen. So ist es etwa in Zen-Klöstern üblich, dass der oberste „Chef" regelmäßig die Toiletten putzt. Diese Aufgabe soll die Führung des Klosters daran erinnern, nicht hochmütig zu werden, und hilft dabei, zu lernen, seinen eigenen Status herabzusetzen. Es hilft dabei, zu verstehen, dass es keine minderwertige Arbeit mit einem geringeren Status gibt, die es zu vermeiden gilt, und höherwertige, deren Status es anzustreben gilt. Es hilft, zu begreifen, dass jede Aufgabe wertvoll ist und einen sinnvollen Beitrag im System leistet. Wenn wir lernen, dass nicht der Status, die Anzahl der Mitarbeiter, Macht oder das Geld den Wert einer Arbeit ausmachen, dann schaffen wir es auch, uns wieder voll auf die Arbeit zu konzentrieren, und erlangen so auch wieder mehr Sinnhaftigkeit und Spaß an der Arbeit an sich.

Schlusswort

Aus meiner Sicht gibt es neben Kindergärten und Schulen in Unternehmen keinen besseren Ort, um Achtsamkeit zu lernen. Gemeinsam in Teams oder als gesamtes Unternehmen lässt sich Achtsamkeit viel schneller und leichter verinnerlichen. Mitarbeiter können sich gegenseitig unterstützen, motivieren, austauschen und die gewonnenen Energien gemeinsam ins Unternehmen einfließen lassen. Die positiven Effekte der Achtsamkeit übersteigen dabei die Zeit, die für Übungseinheiten aufgebracht werden müssen, um ein Vielfaches. Ich hoffe daher, dass ich mit dem vorliegenden Buch dazu beitragen konnte, dass Achtsamkeit gerade im beruflichen Kontext den angestaubten Stempel der Esoterik verloren hat und als das wahrgenommen wird, was es ist: ein exzellentes Training.

Ein Training, das es unserem Gehirn ermöglicht, Digitalisierung und agiles Denken zu verbinden und dabei fest verankert, das Potenzial zu entfalten, was uns auszeichnet und einzigartig macht. Gleichzeitig freue ich mich, wenn ich bei vielen Lesern Impulse für mehr Achtsamkeit im Arbeitsalltag setzen konnte, und hoffe, dass viele die Motivation, den Mut und die Entschlossenheit entwickeln konnten, das Projekt Achtsamkeit anzugehen, um sich selbst das Leben zu kreieren, was sie sich schon immer gewünscht haben. Wer diesen Weg mit zusätzlichen Übungen begleiten möchte, dem empfehle ich mein Arbeitsbuch „Projekt Achtsamkeit – Das Übungs- und Durchhaltebuch für die ersten 60 Tage. Mit täglichen Impulsen und Aufgaben hilft es, am Ball zu bleiben und unser Unterbewusstsein nachhaltig auszutricksen.

> „Eine Reise mit tausend Meilen
> beginnt mit einem kleinen Schritt." –
> LAOTSE

Zugangscode – Kostenfreies e-Book

Gehen Sie auf **https://link.cherrymedia.de/EPUB** und geben Sie Ihren Zugangscode ein um Ihr kostenfreies e-Book herunterzuladen.

JJFS-FHWF-SWRF

Die Wildgans-Strategie –
Eine Parabel vom Geben und Nehmen

In vielen Unternehmen werden das geschäftliche Geschehen sowie die Arbeitsabläufe noch immer von Konkurrenzdenken und Egoismus dominiert. Obwohl dies schon lange überholt ist und Erkenntnisse vorliegen, dass eine Kooperationskultur die Mitarbeiterzufriedenheit sowie die Produktivität im Unternehmen deutlich steigert, ist der innerbetriebliche Wettbewerb in vielen Unternehmen noch immer an der Tagesordnung. Was eine Kooperationskultur bewirkt und wie das Teamwork nachhaltig verbessert werden kann, das zeigt diese Parabel leicht verständlich anhand des Verhaltens von Vögeln bei einem Wettflug. Die Leserinnen und Leser erfahren, worin der Schlüssel für eine erfolgreiche Personal- und Organisationsentwicklung liegt und wieso ein Geben und Nehmen auch im beruflichen Kontext so wichtig ist.

https://link.cherrymedia.de/WildgansS

Praxisbuch Führungskraft –
-Bewährte Führungstechniken, Führungsmethoden
und Führungsstile für den Praxiseinsatz

In diesem Buch lernen die Leserinnen und Leser, was den „Servant Leader", sprich die „dienende Führungskraft" ausmacht und wieso dieser neue Ansatz nicht nur Abteilungen, sondern ganze Unternehmen voranbringen und konkurrenzfähiger machen kann. Es wird gezeigt, was eine gute Führungskraft auszeichnet und wie die unternehmensinterne Kommunikation verbessert wird – zum Beispiel mithilfe des Kommunikationsquadrats. Die Autorin stellt ihre Big Five Werkzeuge vor, die jede Führungskraft anwenden sollte. Außerdem werden besonders erfolgreiche Mitarbeiter und Führungskräfte befragt, was eine gute Führungskraft auszeichnet. Dank des durchgehenden Bezugs zur Praxis sind die Inhalte nicht nur leicht verständlich, sondern direkt umsetzbar. Nach der Lektüre verfügen die Leserinnen und Leser über das Wissen, ihre Führungsqualitäten zu steigern und Team, Abteilung und Unternehmen erfolgreicher zu machen.

https://link.cherrymedia.de/PraxisbuchF

Achtung, Geld weg! -
Faule Investments, Anlagebetrug und Finanzkrisen

„Der Anleger ist immer der Dumme!" Aber weshalb ist das so und wieso kommen die Banken mit ihren spekulativen Entscheidungen stets davon, während Anleger und Steuerzahler die Zeche für Versäumnisse der Banken zahlen? All diese Fragen beantwortet der Autor Dr. Walter Späth im Rahmen dieses Buches. Er beschreibt verschiedene Betrugsmodelle und zeigt auf, wie sich Anleger auf wirksame Art vor faulen Investments schützen können. Die zehn Gebote der Kapitalanlage und des Kapitalanlageschutzes werden ebenso behandelt, wie die Frage, ob sich heutzutage noch eine Investition in Kryptowährungen, wie den Bitcoin, lohnen. Unter anderem wird auch der Wirecard-Skandal unter die Lupe genommen.

https://link.cherrymedia.de/AchtungGeldweg